투표는 이렇게!

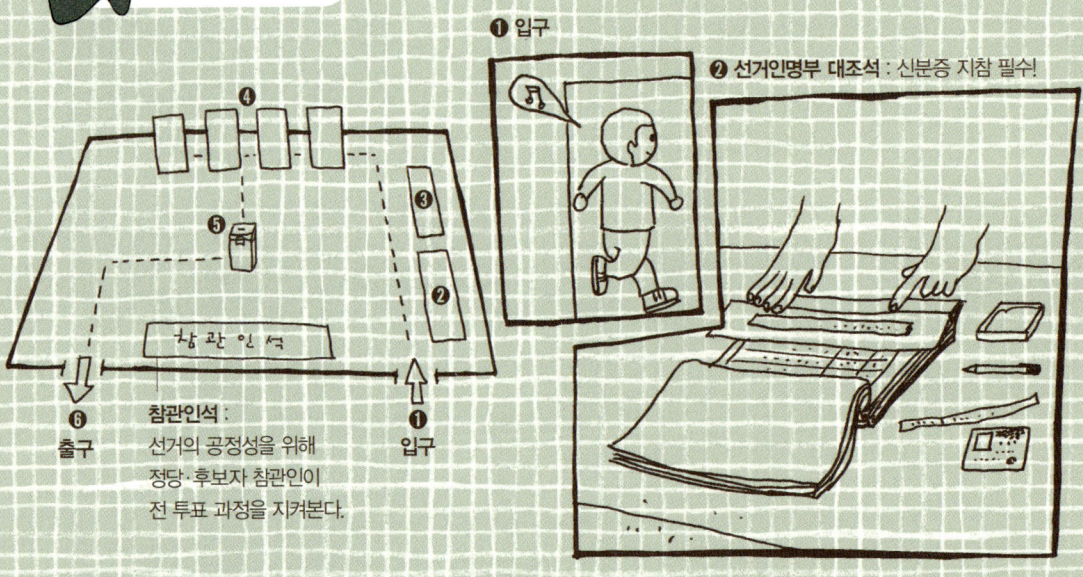

❶ 입구

❷ 선거인명부 대조석 : 신분증 지참 필수!

❻ 출구

❶ 입구

참관인석 : 선거의 공정성을 위해 정당·후보자 참관인이 전 투표 과정을 지켜본다.

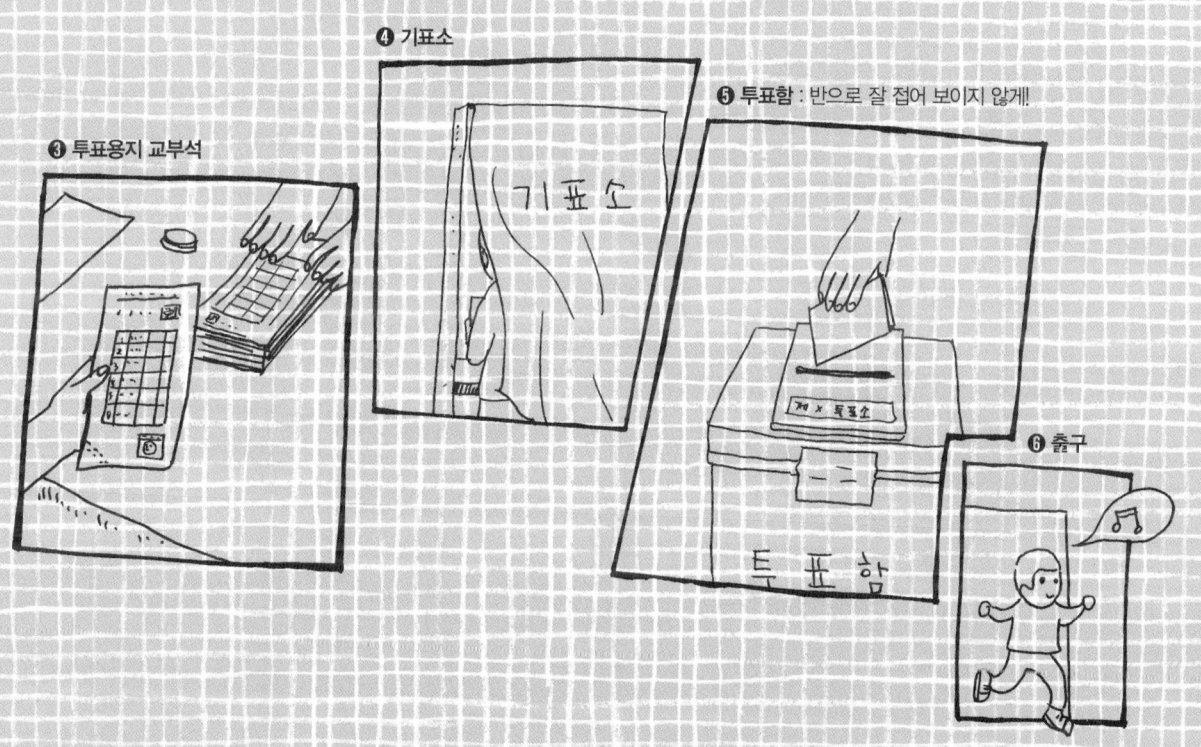

투표,
종이 한 장의 힘

사□계절

투표,
종이 한 장의 힘

김성호 글 | 나오미양 그림

■ 차례

머리말 • 6
들어가며_투표는 국민의 의사 표현 • 8

1. 투표가 시작되다
아테네에서 민주주의가 시작된 이유 • 14
바쁜 아테네 인들 • 16
언덕에서 농성을 하다 • 19
민주주의는 왜 사라졌을까? • 24
중세의 투표 • 29
새로 아는 역사 한 조각 〈마이너리티 리포트〉와 도편 추방제 • 32

2. 모두에게 투표권을
부자들의 등장 • 36
투표로 왕을 처형하다 • 40
명예혁명과 투표 • 43
삼부회 투표 • 46
투표로 처형당한 루이 16세 • 49
투표는 잘난 사람을 뽑는 것 • 52
투표하는 데 재산이 왜 그렇게 중요하지? • 55
차티스트 운동 • 59
올랭프, 케이트, 에밀리 • 61

3. 정사암에서 직선제까지
정사암과 화백 • 70
세종 대왕의 국민 투표 • 72
반올림 투표 • 75
소년 김주열과 4·19 혁명 • 78
체육관 투표 • 81
대통령은 우리 손으로 뽑을 거야 • 84
새로 아는 역사 한 조각 우리나라에 총리가 있는 이유 • 88

4. 투표만으로 충분할까?
다수결은 항상 옳을까? • 92
실망스러운 정치인 • 96
하남시 시장 투표 • 99
국민 투표와 국민 발안 • 102
직접 민주주의는 대안이 될 수 있을까? • 103

5. 이런저런 투표 이야기
이름을 쓰는 일본의 투표 • 108
투표 안 하면 벌금이야 • 111
투표에서 이기고 선거에서 진 남자 • 114
100퍼센트는 절대로 안 나와 • 117

■ **머리말**

 이 글을 읽는 여러분은 대략 10년 후쯤 첫 투표를 하게 될 거예요. 대통령 선거일 수도 있고, 국회 의원 선거일 수도 있습니다. 하지만 여러분은 반장 선거를 통해 투표가 무엇인지 조금은 알고 있어요.

 투표에는 크게 '선거'와 '국민 투표'가 있습니다. 선거는 대통령, 국회 의원, 시장 같은 정치인과 공무원을 뽑는 것이고, 국민 투표는 정부가 중요한 정책을 결정할 때 국민에게 묻는 것입니다. 국민 투표는 선거만큼 흔하지 않아요. 대부분의 정책은 우리가 선거로 뽑은 정치인들에게 맡기고 있으니까요. 선거든 국민 투표든 모두 국민의 뜻을 담고 있는 셈입니다. 그래서 투표는 민주주의의 가장 중요한 수단이라고 할 수 있습니다. 투표의 역사는 곧 민주주의의 역사라고 해도 틀린 말이 아니지요.

 민주주의의 고향은 2500년 전의 그리스 아테네입니다. 아테네 시민들은 직접 정치에 참여했어요. 골고루 공무원이 되었고 정책과 법을 만들었으며 재판에도 참여했지요. 의견이 엇갈릴 때는 투표를 통해 문제를 해결했어요. 비슷한 시기, 이웃 나라 로마에서도 시민들이 정치에 참여했어요. 하지만 아테네와 로마는 여성의 정치 참여를 허락하지 않은 반쪽 민주주의였습니다. 게다가 서로마 제국이 멸망하고 왕과 귀족의 시대가 열리면서 민주주의는 자취를 감추게 됩니다. 왕과 귀족이 정치를 독점하면서 시민들에게서 투표권(선거권)을 빼앗았거든요.

 이후, 인류 역사는 투표권을 주지 않으려는 세력과 빼앗긴 투표권을 다시 찾으려는 시민들 간의 힘겨루기로 얼룩집니다. 그 과정에서 많은 사람이 희생되었고 좌절을 겪었으며 눈물을 흘려야 했습니다. 해방 후 서양의 민주주의와 투표 제도를 받아들인 우리나라도 투표 때문에 적지 않은 시행착오를 겪어야 했어요. 투표는 민주주의의 꽃이지만 투표에도 분명히 허점과 한계가 있어요. 투표로 뽑혔지만 탐욕과 부패로 국민들에게 실망을 준 정치인도 적지 않았으니까요. 이런 단점을 보완하기 위해 고대 아테네식 직접 민주주의 요소를 도입하기도 했어요. 그러나 아직까지는 그 어떤 것도 투표를 대신하지 못합니다. 모든 사람을 만족시키지는 못해도 가장 많은 사람의 의견을 반영하는 수단이 투표이기 때문입니다.

민주주의는 장점이 많지만 완벽한 제도는 아닙니다. 투표만으로 충분하지도 않습니다. 투표는 건물을 짓는 벽돌과 같습니다. 투표함에 넣은 투표용지 한 장 한 장이 쌓이고 쌓여 민주주의의 튼튼한 벽이 만들어집니다. 창문을 내고 지붕을 올리고 예쁘게 색칠하는 일은 시민들 몫으로 남겨집니다. 멀지 않은 훗날, 여러분 한 명 한 명이 민주주의의 훌륭한 벽돌공이 되기를 바랍니다.

끝으로, 이 책이 나올 수 있게 해 준 사계절출판사와 많은 자료를 제공해 준 원주 시립도서관에, 그리고 고향에 계신 부모님께 감사의 말씀을, 이 글을 쓰느라 놀아 주지 못해 폭발 직전인 고양이 두 마리에게는 미안하다는 말을 전하고 싶습니다.

2016년 가을, 원주에서
김성호

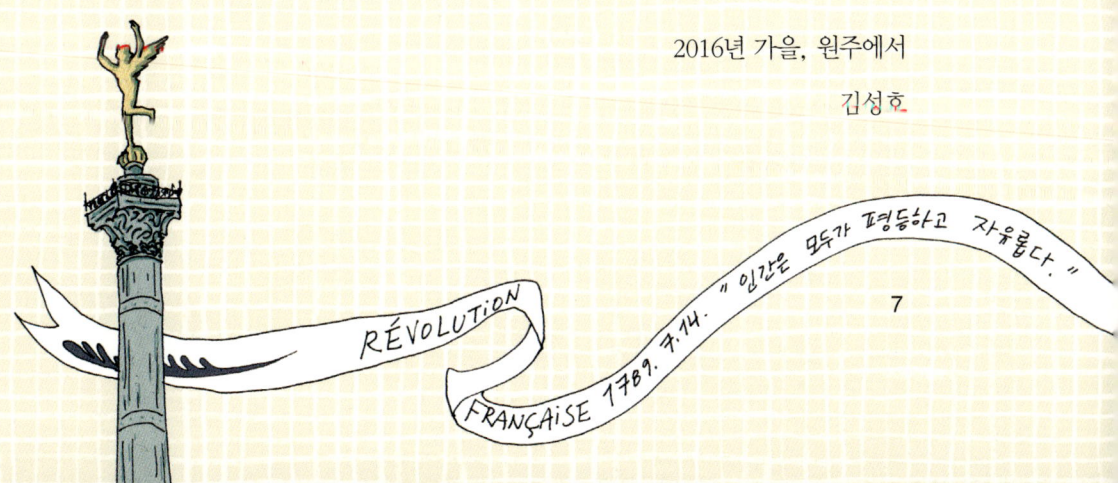

■ 들어가며

투표는 국민의 의사 표현

　2012년 겨울, 박근혜 후보가 대통령으로 당선되었습니다. 한국의 18번째 대통령이자 최초의 여성 대통령이었지요. 한국의 대통령 선거는 5년마다 치러집니다. 임기가 5년이기 때문이지요. 따라서 다음 대통령 선거일도 2017년 12월 20일로 일찌감치 결정되어 있었습니다. 내년 추석이 언제인지 달력에서 미리 알 수 있듯이 말이죠. 하지만 현실은 이보다 7개월이나 빠른 5월 9일에 치러졌습니다. 대체 무슨 일이 있었던 것일까요?

　임기 4년째, 박근혜 대통령은 위기를 맞이했습니다. 무능하고 부패하고 독선적인 대통령의 모습에 국민들은 빠르게 등을 돌렸습니다. 매주 백만 명 가까운 시민들이 촛불을 들고 거리로 쏟아져 나왔습니다. 그들은 이구동성으로 대통령의 하야를 요구했습니다. 물러나라는 것이었지요. 하지만 대통령은 귀를 막고 묵묵부답이었습니다. 이럴 때 우리는 어떻게 해야 할까요? 촛불 시위대가 청와대 담이라도 넘어 들어가 대통령을 끌어내려야 하는 것일까요?

　그래서는 안 됩니다. 4년 전, 투표라는 절차를 통해 대통령을 뽑았듯 파면할 때도 정해진 원칙과 순서를 따라야 합니다. 반장이 바보 같다고, 아파트 부녀회장님이 마음에 안 든다고 두들겨 패서 그만두게 할 수는 없잖아요? 그것이 문명사회가 힘과 폭력에 의존하는 야만 사회와 다른 점입니다.

 2016년 12월 9일, 299명의 국회의원들이 국회 의사당에 모였습니다. 중요한 투표 때문이었습니다. 대통령을 파면시키려면 두 개의 험준한 관문을 통과해야 합니다. 첫 번째 관문은 대통령 탄핵소추안입니다. 탄핵소추안은 국회의원들이 투표를 해서 대통령의 직무를 정지시키는 것을 말합니다. 이 탄핵소추안은 결코 만만한 투표가 아닙니다. 소추안이 통과하려면 국회의원 300명 중 200명, 그러니까 3분의 2의 찬성표가 필요합니다. 대부분의 투표가 과반수로 결정되는 것을 감안하면, 대단히 까다로운 조건이지요. 탄핵소추안을 통과한다고 해도 마지막 관문인 헌법재판소 투표를 통과해야 합니다. 헌법재판소의 재판관은 모두 아홉 명입니다. 그중 여섯 명 이상이 찬성표를 던져야 대통령 파면이 확정됩니다. 역시 3분의 2 이상의 찬성표가 필요한 것이지요. 대통령 탄핵을 이처럼 까다롭게 만든 것은 대통령이라는 최고 권력자의 신분을 법적으로 보호하기 위해서입니다.

 탄핵소추안 투표 결과, 찬성표 234표라는 압도적 득표율로 탄핵소추안이 가결되었습니다. 이제 마지막 공은 헌법재판소에게로 넘겨졌습니다. 2017년 3월 10일 오전 11시 21분, 헌법재판관 전원이 만장일치로 대통령의 파면을 결정했습니다. 대한민국 헌정 역사상 임기 중 파면된 첫 대통령이라는 달갑지 않은 기록을 역사에 남기고 박근혜 대통령은 물러났습니다. 문제는 다음 대통령입니다. 원칙대로라면 다음 대통령 선거일은 12월 20일입니다. 대통령 파면이 결정된 것이 3월 10일이니 무려 9개월 후가 되지요. 대통령은 중요한 직책이라 그렇게 오래 자리를 비워 둘 수가 없어요. 그래서 우리 헌법은 대통령이 갑자기 사망하거나 파면당하게 되면 60일 이내에 다음 대통령 선거를 치러야 한다고 규정하고 있습니다. 그래서 대통령 선거일이 5월 9일로 날짜가 바뀌었어요. 5월 9일은 대통령이 파면된 지 정확하게 60일째 되는 날입니다. 그렇게 치러진 19대 대통령 선거에서 새로운 대통령이 당선되었습니다.

촛불 집회가 시작된 2016년 늦가을부터 새로운 대통령이 당선된 2017년 늦봄까지, 약 반 년간, 많은 일들이 한국에서 일어났습니다. 그 시작과 끝 그리고 연결 고리마다 투표가 있었습니다. 국민들은 4년 전 자신들이 투표로 뽑은 대통령을 끌어내리기 위해 거리로 나왔습니다. 국민들이 투표로 선출한 국회의원들이 투표를 통해 탄핵소추안을 통과시켰고, 헌법재판관들도 투표로 탄핵을 결정했습니다. 그리고 투표로 새로운 대통령을 선택하는 것으로 마무리지었습니다. 민주주의 사회에서 투표라는 절차가 얼마나 중요한가를 보여 주는 사례였던 것이지요.

흔히 우리들은 투표라고 하면 선거부터 떠올립니다. 대통령과 국회의원, 우리가 사는 지역의 시장이나 시 의원을 뽑는 선거 말이에요. 하지만 선거는 투표의 하나일 뿐입니다. 가령 학급 회의에서 중요한 일을 결정할 때 찬성하는 사람, 반대하는 사람 손을 들게 해서 다수결로 결정하잖아요? 이때 여러분이 손을 드는 것도 투표 행위입니다. 꼭 종이에 이름을 쓰는 것만이 투표가 아닙니다. 학급 회의 시간에 손을 드는 것이나, 가요 순위 프로그램에 내가 좋아하는 가수를 위해 ARS에 전화를 거는 것도 투표입니다. 어떤 의사 결정 과정에서 나의 의사를 표현하는 행위 모두를 투표라고 해석할 수 있습니다.

국가는 간혹 중요한 정책을 결정할 때, 국민 투표를 실시해 국민들의 의견을 묻습니다. 2014년, 스코틀랜드는 그동안 자신들이 속했던 영국 연방에서 탈퇴하느냐 마느냐를 놓고 국민 투표를 실시했습니다. 2015년, 경제난으로 허덕이던 그리스는 구제 금융을 받느냐 마느냐를 두고 국민 투표를 실시했습니다. 2016년 영국은 유럽 연합 탈퇴를 놓고 국민 투표를 실시했습니다. 하지만 이런 국민 투표는 극히 드문 일입니다. 국가가 결정할 일은 산더미처럼 많습니다. '군인들 월급은 얼마나 올려 줄까?', '광화문 광장에 있는 이순신 장군 동상은 언제 물청소를 할까?' 등 사소한 일을 결정할 때 마다 국민에게 묻는다면 우리는 1년 365일 내내 국민 투표만 해야 할 겁니다. 이런 번거로움 때문에 국민들은 자신들을 대신해 정치를 해 줄 사람을 투표로 선출합니다. 그리고 그 정치인들에게 정책을 맡기는 것이죠. 이를 '간접 민주주의'라고 부릅니다. 반면 국민 투표는 국민이 직접 정책을 결정하기 때문에 '직접 민주주의'의 형태입니다.

    이처럼 투표는 민주주의와 뗄 수 없는 요소입니다. 2500년 전 역사상 처음으로 민주주의가 시작된 고대 그리스 아테네에서도 투표는 민주주의의 가장 중요한 수단이었습니다. 지금부터 우리는 그 역사 속으로 들어갈 것입니다.

아테네에서 민주주의가 시작된 이유

오늘날 그리스는 빚 때문에 천덕꾸러기 취급을 받지만 2500년 전만 해도 유럽에서 가장 잘나가는 곳이었습니다. 당시 그리스는 100개가 넘는 도시 국가로 쪼개져 있었습니다. 이 도시 국가를 '폴리스'라고 부릅니다. 그중 아테네 폴리스에서 최초로 민주주의가 시작됩니다. 오늘날 민주주의의 고향인 셈입니다. 그런데 왜 아테네에서 시작되었을까요?

요즘은 반도체, 자동차, 휴대 전화 등이 큰돈을 벌어 주는 산업이지만 옛날에는 농업이 최고의 산업이었어요. 그리스는 산이 많고 땅이 척박해 농사에 적합하지 않았어요. 기껏해야 약간의 곡물과 포도, 그리고 올리브가 생산될 뿐이었습니다. 대신 그리스는 지중해라는 바다를 끼고 있습니다. 아테네 인들은 농업 대신 해상 무역에 집중했습니다. 포도주와 올리브유를 배에 싣고서 다른 지역에 팔러 다녔지요. 그런데 이것이 대박을 터뜨립니다. 엄청난 돈과 재물이 아테네로 흘러 들어 오게 된 것입니다. 당시 아테네는 귀족들이 다스리고 있었습니다. 귀족들 대부분은 넓은 땅을 소유한 지주였죠. 이때 무역으로 한밑천을 잡은 시민들이 정치에 끼어듭니다. 옛날 같으면 '신분도 천한 것들이 무슨 정치야!'라고 비웃었겠지만 이제는 상황이 달라졌습니다. 이 시민들이 아테네를 먹여 살리고 있었으니까요. 귀족들도 더는 이 부유한 시민들을 무시할 수 없었어요. 그렇게 아테네 시민들은 귀족

들이 장악하고 있던 정치 테이블에서 한자리를 얻는 데 성공합니다. 그리고 지금껏 누구도 시도하지 않았던 일을 합니다. 그때까지 정치는 귀족 몇몇이 모여 자기들끼리 쑥덕거리다 나랏일을 결정하는 식이었습니다. 그런데 시민들이 그것을 뒤엎어 버립니다. 몇 사람만의 정치에서 모두의 정치로 바꾼 것입니다.

바쁜 아테네 인들

당시 아테네에는 약 700명의 행정직이 있었습니다. 요즘으로 말하면 공무원입니다. 오늘날 공무원이 되려면 수험서를 달달 외워 시험을 쳐야 합니다. 그런데 당시 아테네 인들은 700명의 공무원 중 600명을 시민들 중에서 추첨으로 뽑았어요. 사다리타기나 제비뽑기를 하듯 말이에요. 오늘날로 비유하면 쌀집 아저씨가 내일부터 동사무소에 출근하고 슈퍼마켓 주인이 교통경찰이 되는 식입니다. 나머지 100명은 시민들이 투표로 다시 뽑았습니다.

임기는 1년, 즉 해마다 새로운 공무원을 뽑았어요. 당시 아테네 시민이 약 3만 명이었으니, 한 시민이 죽기 전에 한 번 이상 공무원이 될 가능성이 높았습니다.

하지만 내 이름이 나왔다고 무조건 그 일을 해야 하는 것은 아닙니다. 무엇보다 내가 원해야 합니다. 가령, 한창 바쁜 농부에게 1년간 우편배달을 하라고 하면 곤란하잖아요. 심사 기준도 엄격했습니다.

또, 시민들은 재판에도 직접 참여했어요. 고대 아테네 법정에는 판사가 없었어요. 시민들이 재판정에 앉아 재판을 지켜본 뒤 회의를 통해 판결을 내렸지요. 이들을 '배심원'이라고 불러요. 배심원 역시 추첨으로 뽑힌 사람들입니다. 아무튼 고대 아테네 시민들은 엄청나게 바빴을 거예요.

오늘날 법은 국회에서 만듭니다. 당시 국회 역할을 한 곳이 민회, 즉 시민 의회입니다. 새로운 법을 만들 때 아테네 시민들은 한자리에 모여 토론을 했습니다. 찬성하는 사람도 있고 반대하는 사람도 있을 테니까요. 토론을 열심히 하다가 끝내 합의가 되지 않으면 투표로 결정했어요. 그런데 3만 명이 넘는 시민을 한자리에 모으는 것은 보통 어려운 일이 아닙니다. 그만한 장소를 찾는 것도 문제이지만, 3만 명이 1명당 1분씩만 말해도 20여 일이나 걸리잖아요. 그래서 따로 500명을 추리고 별도로 50명으로 위원회를 만들어서 법률을 심의하도록 했어요.

현대인의 눈에는 고대 아테네가 무척 피곤한 사회처럼 보일 겁니다. 요즘엔 몇 년에 한 번인 선거 날에도 귀찮아서 투표소에 가지 않는 사람이 많고 한 달에 한 번 열리는 아파트 반상회에도 잘 참석하지 않죠. 만일 직장인에게 내일 회사를 조퇴하고 오후에 배심원으로 법원에 출두하라고 하면 대부분 얼굴을 찌푸리겠지요. 물론 고대 아테네 시민들 역시 직업이 있고 개인 생활이 있었습니다. 그런데도 군소리 없이 정치에 참여한 이유는 무엇이었을까요?

"인간은 정치적인 동물이다."

고대 그리스의 철학자 아리스토텔레스는 이런 말을 했습니다. 고대 그리스 인들은 정치에 참여하는 활동이 사람을 사람답게 만드는 숭고한 행위라고 생각했습니다. 사람은 두 가지 장소에서 활동합니다. 가

정과 같은 사적인 장소와 사회라는 공동체 장소이죠. 고대 그리스 인들은 공동체 생활이 가정보다 더 가치 있다고 믿었습니다. 가정은 여자들과 노예들에게 맡겨도 충분하다는 이유였어요. 그런 이유를 대며 여자와 노예는 정치에 참여할 수 없게 했습니다. 말은 그럴듯하지만 진짜 속내는 남성들만 정치를 독점하겠다는 것이었지요. 아테네 시민이란 '18세 이상 남자'만을 뜻하는 말이었어요.

언덕에서 농성을 하다

아테네 인들이 부지런히 정치 활동을 하던 기원전 5세기, 바다 건너 이웃 나라 로마에서 괴이한 일이 벌어지고 있었습니다. 어느 날 밤, 수많은 로마 인들이 언덕에 앉아 있었습니다. 이들은 로마의 평민입니다. 당시 로마는 신분제 사회였기에 귀족과 평민, 이렇게 두 가지 계급이 있었어요. 이 두 계급을 더해서 시민이라고 불렀지요. 시민은 오늘날의 '국적'과 비슷한 뜻이에요. 그들은 등산을 하러 온 것도, 달 구경을 하러 온 것도 아닙니다. 평민들은 잔뜩 화가 나 있습니다. 언덕 아래서 자신들을 멀뚱멀뚱 올려다보는 로마 귀족들에게 말이에요.
"너무해. 아무리 귀족이라지만 우리에게 이래도 되는 거야?"

당시 로마 정치에는 세 개의 축이 있었어요. 원로원과 집정관, 그리고 민회입니다. 원로원은 귀족들의 모임입니다. 서양 속담에 "은수저를 물고 태어나다."라는 말이 있습니다. '신분이 귀한 사람'을 뜻하는 말로, 원로원이 그 은수저들의 모임입니다. 집정관은 대통령과 비슷한 직책이에요. 마지막이 민회입니다. 민회라고 하니, 언뜻 평민들의 모임처럼 들리지만 '시민들의 모임'이란 뜻입니다. 앞에서 시민은 귀족과 평민이라고 했잖아요? 따라서 민회는 로마의 귀족과 평민이 모두 참여할 수 있는 정치 기구인 셈이에요.

뭔가 좀 허전한 것 같지 않나요? 옛날 국가라면 당연히 있어야 할 무언가가 보이지 않는군요. 네, 왕이 없습니다. 로마도 처음에는 왕이 있었어요. 다른 민족의 지배를 받던 시기, 250년쯤 왕이 나라를 통치했지요. 그런데 왕의 폭정에 견디다 못한 로마 인들이 왕과 그 민족을 내쫓아 버렸어요. 그리고 자기들끼리 손가락 걸고 약속했어요.

"우리 두 번 다시 왕의 지배를 받지 맙시다."

"맞습니다. 그깟 왕 없이도 우리끼리 얼마든지 잘 다스릴 수 있다고요."

이때부터 귀족과 평민들이 로마를 다스리기 시작합니다. 이를 '공화정 로마'라고 부릅니다. 공화정이란 왕이 아닌 시민들이 권력을 고루 나누어 나라를 다스리는 정치 제도를 말해요. 하지만 이름만 공화정이었지, 실제 정치는 귀족들이 쥐고 흔들었어요. 먼저, 귀족들의 모임인 원로원에서 국가의 중요한 정책을 결정합니다. 집정관 역시 원로원 출신만 가능하니 이 또한 평민들에게는 그림의 떡입니다. 그나마 평민들이 기댈 수 있는 곳은 민회뿐입니다. 민회에서는 투표로 공무원을 뽑고 법률을 통과시킵니다. 물론 민회에 귀족들도 참여하지만 평민들이 월등하게 많으니 투표를 한다면 평민들에게 유리해 보여요. 하지만 현실은 그렇지 않았습니다.

오늘날 투표를 할 때 모든 사람이 한 명당 한 표씩이에요. 그런데 당시 로마의 투표는 달랐습니다. 사람이 아니라 재산이 기준이었어요. 이를테면, 평범한 사람에게는 1표를 준다면 백만장자에게는 2표를, 억만장자에게는 3표를 주는 식이었어요. 수적으로는 평민이 앞서겠지만 이런 투표 방법이라면 돈 많은 귀족을 이길 수가 없어요. 게다가 투표 방법도 괴상하기 짝이 없었어요.

오늘날 투표는 선착순입니다. 일찍 일어나 투표장에 도착하는 사람 순서대로 투표를 할 수 있어요. 또 투표 시간이 끝난 뒤에야 투표함을 열어서 결과를 알려 줍니다. 그런데 당시 로마의 투표는 그렇지 않았어요. 먼저, 재산을 기준으로 시민을 네 계급으로 나누고 재산 순서대로 투표를 합니다. 가장 부유한 계급이 투표를 마치는 대로 투표함을 열어 결과를 알려 줍니다. 아직 다른 계급들은 투표하지 않았는데도 말이에요. 그럴 만한 이유가 있었어요. 첫 번째 계급이 투표를 마치면 나머지 계급들은 투표를 할 필요가 없어요. 그들이 가진 표수가 이미 전체 표의 절반이 넘기 때문이에요. 여기에 결과까지 친절하게 알려 주니 순서를 기다리던 사람들은 맥이 빠질 수밖에 없었어요. 평민들이 언덕에 올라간 이유도 이런 이상한 투표 방법 때문이었지요.

"애초에 우리 평민이 이길 수 없는 투표야."

"귀족이 없는 우리만의 진짜 평민회가 필요하다고."

평민들은 언덕으로 올라가 농성을 시작합니다. 요즘으로 말하면 시민 총파업에 들어간 거지요. 한편, 지켜보는 귀족들은 속이 탑니다. 로마는 유럽 절반에 맞먹는 땅을 다스리는 대제국이 되는 전성기를 누

리지만 그건 먼 훗날 이야기입니다. 당시 로마는 이민족에 둘러싸인 그렇고 그런 도시 국가였습니다. 이민족과의 끝없는 전쟁으로 정신이 없었어요. 그런데 로마의 군대는 주로 평민들로 구성되었습니다. 평민들은 평소에 농사를 짓다가 전쟁이 일어나면 군인이 되어 전쟁터로 달려가곤 했지요. 평민들이 언덕에 올라간 것은 이제 어떤 전쟁에도 안 나가겠다는 시위였습니다. 귀족들은 입이 바짝바짝 탈 수밖에 없었습니다. 잠시 후 귀족 대표가 언덕으로 올라옵니다.

귀족 대표는 앞으로는 정치에서 평민들의 이익을 약속하겠다며 평민들을 달랩니다. 비로소 화가 풀린 평민들은 언덕을 내려가 전쟁터로 달려갑니다. 그리고 귀족들은 약속대로 '평민회'라는 새로운 민회와 '호민관'이라는 새 직책을 만듭니다. 호민관, '보호할 호(護), 백성 민(民), 벼슬 관(官)'이라는 이름에서 알 수 있듯이 백성을 보호하는 직책이란 뜻입니다. 호민관은 백성을 괴롭히는 탐관오리의 횡포에서 백성을 보호하고 원로원에서 결정한 내용도 거부할 수 있는 강력한 권

한을 가지게 되지요. 호민관은 임기가 1년인데 새로 만든 평민회에서 투표로 선출했습니다. 여기서 끝이 아니었습니다.

이제 평민들은 귀족들만 독점하던 집정관 선거에 나가는 것은 물론이고 원로원 의원과 고위 공무원까지 될 수 있었지요. 평민들의 힘이 귀족들 못지않게 강해진 것입니다.

민주주의는 왜 사라졌을까?

고대 아테네가 처음 민주주의를 시작했다면 로마는 민주주의를 발전시킨 나라입니다. 하지만 그것이 전부였습니다. 민주주의는 다른 나라로 확대되지 않고 딱 이 두 지역에만 존재했을 뿐입니다. 그마저도 지금으로부터 약 2000년 전 민주주의의 명맥은 끊기게 됩니다.

오늘날 우리는 민주주의를 마치 숨 쉬는 것처럼 당연하게 여깁니다. 하지만 이렇게 된 것은 최근의 일입니다. 지구가 둥글다는 사실을 알아냈을 때도, 그래서 크리스토퍼 콜럼버스가 신대륙을 발견했을 때도, 비슷한 시기에 우리나라에서 한글을 발명했을 때도 인류에게 가장 익숙한 것은 국민이 주인이 되는 민주주의가 아니라 왕의 지배를 받는 국가였어요. 우리나라도 100여 년 전까지 왕이 다스리던 나라였지요.

그럼에도 불구하고 아테네와 로마에서 민주주의가 가능했던 것은 두 나라의 환경이 놀랄 만큼 닮았기 때문입니다. 먼저, 둘 다 규모가 작은 도시 국가에서 출발했어요. 2500년 전, 아테네 시민은 약 3만

명, 로마도 비슷한 수준이었어요. 여기에 왕이라는 말만 들어도 자다가 펄쩍 뛸 만큼 1인 독재를 싫어하는 점도 같아요. 로마는 이민족 왕의 지배에 오랫동안 시달렸고, 아테네는 폭군들이 즐비한 이웃 도시 국가들을 가까이에서 보아 왔거든요.

그런데 로마가 도시 국가에서 벗어나 영토를 불리면서 상황이 달라집니다. 로마는 먼저 이탈리아 반도를 통일하고, 동쪽으로 그리스와 튀르키예 지역, 서쪽으로 북아프리카와 이집트, 에스파냐, 북쪽의 프랑스 지역까지 꿀꺽 삼킵니다. 영토가 넓어지면 인구도 덩달아 늘어납니다. 빼앗은 땅에 살던 사람들에게도 로마 시민권을 선물로 안겨 줬거든요. 늘어나는 것은 또 있습니다. 국가의 덩치가 커지면 처리해야 할 일이 산더미처럼 쌓입니다. 가족회의와 반상회를 생각해 보세요. 가족회의보다는 반상회가 결정하고 실행해야 하는 일이 훨씬 많지요? 그러니 국가는 그런 일들이 더 많을 테고, 그 국가가 커지고 인구가 늘어났으니 처리해야 할 일들이 얼마나 많았겠어요. 되도록 빠른 시간에 많은 정책을 결정해야 하는데 매번 시민들의 의견을 듣고 움직이는 것이 불가능해졌지요.

엔진으로 비유하면 공화정은 소형 자동차 엔진입니다. 영토가 넓어진 로마는 대형 트럭쯤 되겠지요. 공화정 엔진으로는 트럭을 잘 굴러가게 할 수 없습니다. 아니나 다를까, 삐꺽거리는 소리가 곳곳에서 들려옵니다. 귀족들과 평민들은 나뉘기 시작했고, 생각이 다른 정치인

들끼리 전쟁을 벌이면서 수많은 시민이 목숨을 잃습니다. 원로원도 평민회도 사태 해결은 엄두도 못 내고 있었어요. 시민들은 이런 혼란을 가라앉히고 질서를 다시 잡아 줄 존재를 원했어요.

"그게 나야, 에헴! 황제지."

기원전 27년 아우구스투스가 로마의 초대 황제로 등극합니다. 이렇게 500년 넘게 이어 온 로마 공화정이 막을 내리고 황제가 다스리는 제정 시대가 열립니다. 황제가 등장하자 원로원과 평민회의 힘은 자연스럽게 약해집니다. 이들이 갖고 있던 권한을 황제에게 몰아줬으니까요. 여기서 의문이 생깁니다. 황제가 권력을 움켜쥐었을 때 평민들은 왜 가만히 지켜보고 있었을까요? 왜 예전처럼 언덕에 올라가서 농성하지 않았을까요? 그 답은 로마 안에 있습니다.

로마는 본디 농업 국가예요. 평민 대부분이 농민이죠. 그런데 영토를 넓히는 과정에서 수많은 전쟁을 벌였고, 전쟁에서 붙잡힌 적군 병사들은 로마군의 포로가 되었어요. 당시 전쟁 포로는 물건 취급을 받았습니다. 로마군 장군은 자신의 부하들에게 고생했다며 포로를 선물처럼 나눠 주곤 했어요. 로마 군인들은 포로를 고향 집에 데려가 일을 시키거나 노예 시장에 내다 팔았어요. 물론 로마군도 포로가 되면 같은 신세였지요. 고대에는 전쟁 포로가 노예가 되는 것은 너무도 흔한 일이었습니다.

노예는 월급을 줄 필요가 없으니 공짜 인력입니다. 자그마한 땅에

농사를 짓던 평민들은 귀족들과 가격 경쟁이 안 됩니다. 공짜 인력을 가진 귀족들은 훨씬 싼값에 곡식을 팔 수 있으니까요. 곡식을 제값에 팔지 못하니 농민들 생활은 점점 쪼들립니다. 귀족들에게 돈을 빌리거나 땅을 파는 농민들이 급증합니다. 그런데 로마법에 따르면 빚을 못 갚은 자는 노예가 되어야 합니다. 노예가 되면 시민권도 사라집니다. 시민권이 사라지면 투표도 할 수 없습니다. 로마는 재산이 있는 사람에게만 시민권과 투표권을 주었거든요. 평민들이 예전처럼 큰 목소리를 낼 수 없었던 이유입니다.

흥미로운 사실은 노예로 몰락한 평민들이 늘어나면서 군인도 턱없이 부족해졌다는 점입니다. 로마법에 따르면 노예는 군대에 갈 의무가 없기 때문이지요. 할 수 없이 로마는 국경 너머에 살던 게르만 족을 데려와 돈을 주고 군인으로 고용하게 됩니다. 이 게르만 군인들이 5세기 서로마를 멸망시켜 버립니다. 고양이한테 생선을 맡긴 셈이었죠.

중세의 투표

5세기에 게르만 족이 서로마를 멸망시키면서 유럽은 중세로 접어듭니다. 중세는 신분제 사회입니다. 왕이 맨 꼭대기에 있고 성직자, 귀족, 기사, 평민 순서입니다. 정치는 신분이 높은 왕과 성직자, 귀족들 차지였고 평민들은 소외됩니다.

이 시대에도 투표는 있었습니다. 서로마가 멸망한 뒤 이탈리아 땅은 소규모 왕국과 도시 국가들로 채워집니다. 베네치아, 피렌체, 피사 등의 도시 공화국에서는 선거와 추첨으로 공무원을 골라 뽑았습니다. 고대 아테네나 공화정 로마처럼 도시 국가라서 가능한 일이었어요. 하지만 민주주의와는 거리가 멀었어요. 투표권은 귀족에게만 주어졌으니까요.

앞에서 언급했듯이 서로마를 멸망시킨 것은 게르만 족입니다. 그들은 장로 회의를 열어서 투표로 왕과 관료를 선출했어요.

또 중세 유럽에는 신성 로마 제국이라는 묘한 나라가 있었어요. '신성 로마 제국'이란 과거 로마 제국의 화려한 영광을 기독교의 신성한 힘으로 부활시켰다는 뜻입니다. 신성 로마 제국 황제는 귀족들이 투표로 뽑았습니다. '선거권이 있는 귀족'이라는 뜻으로 그들을 '신제후'

라고 불렀습니다. 중세 기독교의 가장 중요한 인물인 교황도 투표로 선출했어요. 하지만 이런 투표에 민주주의 뜻이 담겨 있다고 볼 수는 없습니다. 중세 인구의 대부분을 차지하던 평민은 여전히 투표권이 없었으니까요.

평민이 투표를 통해 정치에 참여하기 시작한 것은 1295년부터입니다. 영국 왕 에드워드 1세는 세금을 거두기 위해 각 신분을 대표하는 사람들을 불러 모읍니다. 성직자 90명, 귀족 48명, 기사 74명, 그리고 시민 대표 220명이었어요. 그중 시민 대표는 각 도시의 시민들이 투표로 선출했습니다. 하지만 이름만 시민이지, 실제로는 각 지방에서 힘깨나 쓰는 대지주와 자본가와 상인들이었습니다. 이 신분 대표의 모임을 '의회'라고 불렀습니다. 오늘날 영국 의회의 모델 또는 모범이 되었다고 해서 '모범 의회'라고도 하지요.

정치란 맛있는 음식이 잔뜩 차려진 테이블 앞에 앉는 것과 같습니다. 한 명이 독차지하면 독재, 선택받은 몇 명만 앉으면 과두정, 모두가 둘러앉는 것을 우리는 민주주의라고 합니다. 고대 아테네와 로마 공화정이 민주주의라면 중세 유럽은 과두정이었습니다. 그들은 여럿과 함께 앉는 것을 싫어했지요. 여럿이 앉으면 자기 몫이 그만큼 줄어드니까요. 평민이 정치에 참여하려면 투표권이 필요합니다. 투표권은 식권입니다. 투표권을 독차지하려는 세력과 얻어 내려는 사람들, 이세 유럽은 두 집단 간의 다툼으로 시끌벅적해집니다.

새로 아는
역사 한 조각

<마이너리티 리포트>와 도편 추방제

〈마이너리티 리포트(Minority Report)〉라는 미국 영화가 있습니다. 앞일을 내다보는 예지자들이 미래에 일어날 살인 범죄를 미리 알려 주고 경찰들이 그 범죄자를 체포한다는 내용입니다. 사회에 문제를 일으킬 사람을 미리 단속한다는 뜻이죠.

약 2500년 전 아테네에도 이와 흡사한 제도가 있었습니다. 고대 아테네 인들은 독재자를 유난히 싫어했습니다. 직접 민주주의를 실시한 이유도 한 사람이 큰 권력을 쥐면 독재를 하지 않을까 하는 두려움 때문이었어요. 독재자도 용납하지 않지만 독재자가 될지도 모르는 사람도 그냥 두지 않았어요. 아테네 인들은 틈틈이 모여 미래에 독재자가 될 것 같은 사람을 투표로 뽑았어요. 투표지에 자기가 생각하는 사람의 이름을 적는 것이었죠. 투표지는 도자기 파편이었습니다. 당시 종이는 대단히 비싼 물건이었어요. 오늘날 우리가 쓰는 종이는 아테네 시대에서 600년 뒤에나 발명된 물건입니다. 당시 서양의 종이는 갈대의 일종인 파피루스를 말린 것과 양가죽인 양피지였는데 둘 다 무척 비쌌지요.

투표에서 이름이 가장 많이 적힌 사람은 10년간 추방당합니다. 이 투표 제도를 '도편 추방제'라고 합니다. '도편'이란 '도자기 파편'을 뜻하는 말이에요. 독재를 한 것도 아니고, 할지도 모른다는 이유로 추방하다니, 도편 추방제는 짓지도 않은 죄를 미리 물어 내쫓는 아테네식 '마이너리티 리포트'였습니다. 흥미로운 점은 추방당한 사람들 중에 억울해하거나 기분 나빠하는 사람들이 그리 많지 않았다는 사실이에요.

'오호, 내가 그렇게 주목을 받고 있었단 말인가?' 하며 긍정적으로 받아들이는 사람도 많았어요. 재산을 빼앗기는 것도, 시민권을 박탈당하는 것도 아니고 10년 뒤에는 돌아올 수 있었으니까요.

실제로 이런 일도 있었답니다. 그날도 도편 추방제 투표가 실시되고 있었어요. 그런데 투표에 참여한 시민 중 글을 모르는 사람이 있었어요. 자신이 추방하고 싶은 사람의 이름을 도자기 파편에 써야 하는데 글을 쓸 줄 모르니 난감했지요. 그래서 좀 똑똑해 보이는 남자에게 대신 이름을 써 달라고 부탁했어요. 그런데 이 남자가 바로 자신이 추방하려는 사람이었던 거예요. 하지만 남자는 흔쾌히 도자기에 이름을 써 줬어요. 그리고 결국 추방되었지요. 아마 이런 마음이었을 거예요.

"이 기회에 바람이나 좀 쐬고 오지, 뭐."

부자들의 등장

어두운 밤이었습니다. 낡은 오두막집 문이 열리고 그림자 셋이 달빛에 모습을 드러냅니다. 마르탱네 식구들이었습니다. 마르탱과 아내, 그리고 아홉 살 된 딸이에요. 마르탱은 프랑스 장원의 농노입니다. 장원이 뭘까요? 중세 유럽의 귀족이나 영주들이 보유한 넓은 땅을 말해요. 얼마나 넓은지 밭도 있고 교회도 있고 방앗간에 마을, 그리고 강까지 흐르고 있어요. 땅이 이렇게 넓은데 정작 마르탱네 밭은 한 떼기도 없습니다. 별수 없이 마르탱네는 귀족의 땅을 빌려 농사를 짓고, 그 땅에서 수확한 곡식으로 세금을 내며 근근이 살고 있어요. 또 귀족이 부르면 언제든 달려가서 저수지도 파고 성벽도 쌓아야 해요. 농민은 농민인데 마치 노예처럼 힘겹게 살아서 이들을 '농노'라고 불렀어요. 농사짓는 노예란 뜻이죠.

오늘 밤 마르탱네 식구들은 이 장원을 탈출할 생각입니다. 발소리를 죽여 가며 채소밭과 교회를 통과합니다. 멀리서 기사들이 창을 들고서 순찰을 돌고 있습니다. 장원을 거의 빠져나왔을 무렵 아내가 걱정스럽게 말합니다.

여보, 영주가 쫓아오면 어떻게 해요?

그런 일 없을 거요. 날 믿고 조금만 더 힘내서 어서 여기서 벗어납시다!

그들의 목적지는 네덜란드에 있는 플랑드르입니다. 쉬지 않고 걸어도 사흘은 꼬박 걸립니다.

그 전에 영주가 보낸 추적대에 잡히면 모든 것이 끝장입니다. 지난달 탈출했다가 잡힌 농노 한 명이 영주의 부하들에게 맞아 숨졌습니다.

그래도 수많은 농노들이 목숨을 걸고 장원을 탈출해 플랑드르를 비롯한 북부 도시로 달아났습니다. 그곳에는 물건을 만드는 수공업장이 즐비하다고 하니 어쩌면 마르탱네 식구들도 일자리를 얻을 수 있을 것입니다.

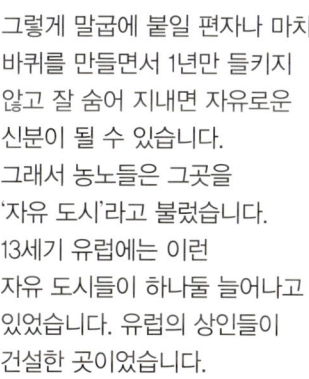

그렇게 말굽에 붙일 편자나 마차 바퀴를 만들면서 1년만 들키지 않고 잘 숨어 지내면 자유로운 신분이 될 수 있습니다. 그래서 농노들은 그곳을 '자유 도시'라고 불렀습니다. 13세기 유럽에는 이런 자유 도시들이 하나둘 늘어나고 있었습니다. 유럽의 상인들이 건설한 곳이었습니다.

우리 같은 농노들에겐 이곳이 꿈의 도시이지. 1년만 들키지 말고 버티자.

"주모! 여기 술값 얼마요?"

"네, 닷 푼입니다요."

사극을 보면 사람들이 술이나 국밥을 먹고 나서 엽전으로 계산하는 장면이 종종 나옵니다. 정말 그랬을까요? 만일 그 사극의 시대 배경이 17세기 전이라면 사실이 아닙니다. 17세기 이전에도 엽전은 분명히 있었어요. 하지만 당시 사람들은 밥을 먹거나 술을 마신 뒤 곡식이나 달걀, 옷감 등으로 계산했어요. 관리들이 월급처럼 받는 녹봉조차 곡식이나 옷감이었어요. 간혹 나라에서 "이번 녹봉은 돈으로 주겠소."라고 하면 관리들은 불만으로 입이 툭 튀어나왔다고 합니다. 이렇게 돈이 인기가 없었던 이유는 그만큼 불편했기 때문이에요. 조선은 농업 중심 사회였거든요.

농업이 발달한 사회일수록 물건을 만드는 공업과 그 물건을 파는 상업은 부진합니다. 대부분의 사람들이 논밭에서 일을 하니까요. 시장에 가도 살 만한 물건이 별로 없어요. 살 것이 없으니 사람들은 돈의 필요성을 느끼지 못합니다. 웬만한 것은 스스로 만들어서 해결하죠. 옷도 짓고 신발도 만들고 술도 직접 담가 먹었어요. 이를 '자급자족 경제'라고 부릅니다. 중세 유럽도 역시 농업 중심의 사회였고 따라서 자급자족 사회였습니다. 통계에 따르면 당시 유럽 인 10명 중 9명이 시골에 살았어요. 그들 중 상당수가 마르탱네와 같은 농노들이었고요.

그런데 12세기부터 슬슬 변화가 일어납니다. 유럽 중부에 상인들이 건설한 자유 도시가 하나둘 생겨납니다. 본래 자유 도시는 유럽의 북부인과 남부인이 만나서 거래하던 곳이었어요. 북부에는 목재나 짐승 가죽이 풍부했고, 남부에는 곡식과 중동에서 들여온 향신료 등이 많았어요. 서로가 갖고 싶어 하는 물건이었죠. 그런데 당시 유럽은 워낙 교통이 불편해 직접 찾아가기가 힘들었어요. 그래서 적당한 중간 지점에서 만나 맞바꾸기로 약속했어요. 그러니까 당시에는 자유 도시가 아니라 조금 큰 시장이었던 거예요. 시작은 이랬는데 소문을 들은 유럽 상인들이 하나둘 모이면서 시장은 점점 붐비기 시작합니다.

덩달아 상인들이 이용할 여관과 식당, 심지어 우체국과 상인들에게 돈을 빌려줄 은행까지 속속 세워지며 도시로 변신합니다. 상업이 폭발적으로 성장하자 물건을 만드는 제조업도 함께 발달합니다. 물건이 있어야 팔 테니까요. 그 결과, 장사로 한몫 챙긴 상인들과 상인들에게 돈을 빌려주고 이자를 받은 은행가, 서로 다른 화폐를 교환해 준 환전상, 법률적 조언을 해 준 변호사가 새로운 부자로 떠오릅니다. 사람들은 그들을 '부르주아'라고 불렀습니다. 성안에 사는 사람들이지요. 당시 부자들은 성안에, 가난한 사람들은 성 외곽에 나뉘어 살았거든요. 반면, 마르탱 같은 사람은 '프롤레타리아'라고 불렀습니다. 가진 것이라곤 자식밖에 없는 사람을 가리키지요.

부르주아들은 사회적 성공을 내세워 정치에도 끼어들려고 합니다. 왕과 성직자, 귀족들은 내키지 않지만 그들을 테이블에 끼워 줍니다.

흥청망청 돈을 쓰던 왕과 귀족들은 이미 적지 않은 돈을 그들에게 빌려 쓰고 있었거든요. 하지만 부르주아가 얻은 자리는 겨우 구석이었습니다. 유럽은 여전히 견고한 신분제 사회였고 부르주아들은 평민 신분입니다. 신분 제도가 존재하는 한 그들은 큰 목소리를 낼 수 없었어요. 그들은 그것이 큰 불만이었습니다.

투표로 왕을 처형하다

17세기 초, 영국 국왕 찰스 1세는 돈 문제로 골치가 아팠습니다. 프랑스와의 전쟁에 국고를 쏟아부은 탓이었습니다. 방법은 있습니다. 국민들에게 높은 세금을 물리면 됩니다. 그런데 그게 그리 간단하지 않습니다. 영국 법에 따라 세금을 올리려면 의회의 허락을 받아야 했거든요. 찰스 1세는 그것이 못마땅했습니다.

왕이 왜 의회의 허락을 받아야 했냐고요? 영국에는 일찍부터 의회가 존재했어요. 그런데 대단히 형식적이었어요. 왕이 단번에 어떤 결정을 내리면 모양새가 좋지 않으니 귀족과 성직자, 그리고 시민 대표를 불러 의견을 묻는 척했지요. 그러다 1215년 존 왕이 억지로 세금을 거두려 하자 의회가 반발하는 사건이 일어납니다. 결국 전투가 벌어지고 존 왕은 패했지요. 별수 없이 의회의 승인 없이는 세금을 거두지 않고 모든 것을 법에 따라 하겠다는 요구 조건에 서명을 합니다. 이것이 유명한 '대헌장(마그나 카르타) 사건'이에요.

언뜻 보면 대헌장 사건으로 의회가 국왕을 굴복시킨 것 같지만 사실은 그렇지도 않았어요. 대헌장이 뻔히 있음에도 의회와 의회가 만든 법을 무시하는 막무가내 국왕이 끊임없이 나왔고 이에 의회는 잔뜩 벼르고 있었죠. 그러다 터진 것이 청교도 혁명입니다.

"이 고귀한 왕께서 세금 좀 거두겠다는데 감히 누가!"

찰스 1세는 왕권신수설을 믿은 왕입니다. 왕이라는 자리는 신이 준 신성하고 절대적인 것이라는 주장이지요. 그러니 누군가의 허락을 받을 필요도 없다는 것입니다. 찰스 1세는 법과 의회를 무시하고 세금을 거둬 버립니다. 소식을 들은 의회는 부글부글 끓어올랐습니다. 당시 영국 의회에는 493명의 의원이 있었습니다. 그중 333명이 넓은 땅을 소유한 지주였고, 나머지가 법률가, 상공업자, 즉 부르주아들이었습니다. 의회는 찰스 1세에게 두툼한 문서를 내밉니다. 그 유명한 '권리 청원'입니다. '권리 청원'에는 의회의 동의 없이는 세금을 거둘 수 없으며 함부로 국민들을 체포하거나 가둘 수 없다는 내용이 쓰여 있었어요. 의회가 강하게 나오자 찰스 1세는 이 청원을 승인하지 않을 수 없었어요. 그러나 이듬해에 결국 의회를 해산시켜 버립니다. 그리고 11년 동안 의회를 소집하지 않습니다.

1640년, 찰스 1세는 스코틀랜드와 전쟁을 준비합니다. 군대를 보내자니 돈이 필요하고, 돈을 구하자니 의회의 동의가 필요합니다. 찰스 1세는 어쩔 수 없이 11년 만에 의회를 다시 소집합니다.

"자기 마음대로 해산시킬 땐 언제고 아쉬우니까 또 우리를 불러?"

의회는 이 기회에 국왕이 두 번 다시 의회를 함부로 해산시키지 못하도록 하는 법을 만들려고 합니다. 찰스 1세도 가만히 있지 않고 군대를 보내 의회를 공격합니다. 의회도 군대를 조직해 맞서지요. 궁궐에서 얼굴을 맞대고 정치를 하던 국왕과 의회 간에 전투가 벌어진 것입니다. 승자는 의회였어요. 의회는 찰스 1세를 체포하고 투표에 들어갑니다. 왕을 살릴지 죽일지 결정하는 무서운 투표였어요.

투표 결과 68 대 67. 한 표 차이로 찰스 1세의 처형이 확정됩니다.

1649년 1월 30일, 찰스 1세는 런던 시민들이 지켜보는 가운데 처형당합니다. 이 사건을 '청교도 혁명'이라고 부릅니다. 청교도가 뭘까요? 당시 유럽의 기독교는 교황이 이끄는 전통의 가톨릭교와 가톨릭교의 부패에 맞선 종교 개혁으로 만들어진 신교로 나뉘어 있었습니다. 청교도가 바로 신교입니다. 찰스 1세를 몰아낸 세력에 유난히 청교도 신자가 많아서 '청교도 혁명'이라고 부르는 것입니다.

명예혁명과 투표

찰스 1세를 처형한 영국은 왕이 없는 나라, 즉 공화정을 실시합니다. 왕은 없어도 나라에 지도자는 있어야 합니다. 1653년, 크롬웰은 호국경 자리에 올라 영국을 통치하기 시작합니다. 호국경은 로마 공화정에 있었던, 평민을 대표하던 호민관에서 비롯된 직위입니다.

크롬웰은 독실한 청교도 신자였습니다. 본래 청교도란 말은 '청빈한 생활과 엄격한 교리를 따르는 기독교인'이라는 뜻입니다. 검소하고 열심히 기도하는 생활을 중시합니다. 크롬웰은 국민들도 그렇게 생활해야 한다고 생각했어요.

"술 마시지 말 것, 담배 피우지 말 것, 도박 금지, 연극도 못 봐!"

"우리가 신부여, 수녀여? 숨 막혀 숙셌구먼."

소소한 오락과 놀 거리마저 금지하자 국민들은 질려 버립니다. 크롬웰이 죽자 그의 독재에 혼이 난 국민들은 차라리 왕이 낫겠다는 생각을 합니다. 공화정은 폐지되고 국민들은 다시 왕을 세웁니다. 그가 찰스 2세입니다. 크롬웰에 의해 처형당한 찰스 1세의 아들이죠. 찰스 2세가 죽고 동생 제임스 2세가 왕위를 잇습니다. 제임스 2세는 다시 의회를 무시하는 정치를 시작합니다. 의회도 가만히 두고 보지 않지요. 의회 사람들은 바다 건너 네덜란드로 달려갑니다. 그곳에 제임스 2세의 딸 메리와 그녀의 남편 오렌지 공(윌리엄 3세)이 살고 있었어요. 의회는 메리 부부에게 영국 왕이 되어 달라고 부탁합니다. 왕의 자리를

두고 딸과 사위가 아버지와 맞붙는 기막힌 일이 벌어진 것입니다. 오렌지 공이 군대를 끌고 영국에 상륙하자 왕을 지지하던 군대는 항복하고 제임스 2세는 외국으로 달아납니다. 왕을 바꿔 버린 큰 혁명인데 피 한 방울 흘리지 않고 이루었다 해서 '명예혁명'이라고 해요. 메리와 오렌지 공은 영국 왕위에 공동으로 오릅니다.

영국인들은 고민합니다. 막무가내 왕을 끌어내리고 공화정으로 바꾸었더니 꼬장꼬장한 독재자가 나왔습니다. 그래서 다시 왕을 뽑았더니 고집불통입니다. 결론은 하나뿐입니다. 왕은 그대로 두되 권한을 없애 버리는 것입니다. 왕은 상징적인 존재로 두고 실제 정치는 의회가 장악하는 정치, 이를 '입헌 군주제'라고 합니다. 1689년, 의회는 새로운 국왕 메리 부부에게 문서 하나를 내밉니다. 대략 이런 내용입니다.

"모든 정책은 의회의 동의를 거쳐야 하며, 국민에게는 신체의 자유와 선거권, 청원권이 있다."

메리와 오렌지 공은 군말 없이 이 문서에 서명을 합니다. 이 문서가 유명한 '권리 장전'입니다.

"왕은 있되, 군림하지 않는다."

영국은 이때부터 오늘날까지 입헌 군주제를 유지해 오고 있어요.

'권리 장전'에서 주목할 내용이 바로 선거권입니다. '권리 장전'에는 분명히 국민에게는 선거권이 있다고 적혀 있지만 여기서 말하는 국민이란 '재산이 있는 남자'만 뜻합니다. 대토지를 소유한 귀족과 지주,

그리고 기업가와 은행가, 변호사, 학자로 대표되는 부르주아들 말이죠. 그들은 영국 국민의 약 1퍼센트에 불과했습니다. 100명 중 99명은 투표권을 가지지 못한 셈입니다. 크롬웰의 사위이자 아일랜드 총독이었던 헨리 아이어턴은 과거에 이런 말을 했습니다.

"재산도 없는 인간들에게 국가의 운명을 결정하는 투표권을 주는 것은 말도 안 된다."

삼부회 투표

1789년 5월 5일, 프랑스 베르사유 궁전으로 1200명이 넘는 사람들이 모여듭니다. 절반은 고급스럽고 화려한 옷을 몸에 감았고 나머지 절반은 검은색 옷차림입니다. 고급스럽고 화려한 옷을 입은 사람들은 성직자와 귀족 대표이고 검은 옷을 입은 사람들은 평민 대표입니다. 이날 그들은 중요한 투표 때문에 이곳에 모였습니다. 새로운 세금 정책을 결정하는 투표였습니다.

18세기에 프랑스는 돈이 부족해 쩔쩔매고 있었습니다. 나라 살림은 국민들이 낸 세금으로 꾸려 갑니다. 평민들은 꼬박꼬박 세금을 냈지만 성직자와 귀족들은 세금을 내지 않았습니다. 세금이 면제된 신분이었으니까요. 당시 프랑스 인구의 98퍼센트는 평민이었고 나머지 2퍼센트가 성직자와 귀족이었습니다. '겨우 2퍼센트인데 뭐.'라고 생각할 수도 있지만, 문제는 이들이 프랑스 부(富)의 80퍼센트를 틀어쥐고 있었다는 점입니다.

세금이란 적게 버는 사람은 적게, 부자는 많이 냅니다. 그런데 가난한 평민들만 세금을 내다 보니 아무리 걷어도 한계가 있었지요. 그래서 프랑스 왕 루이 16세는 성직자와 귀족에게 세금을 걷어 국고를 채우고자 했어요. 그래서 삼부회를 소집한 것입니다.

삼부회는 말 그대로 세 가지 신분인 성직자, 귀족, 평민 대표의 모임을 뜻합니다. 이제 이들은 투표로 결정할 것입니다. 성직자와 귀족에게 세금을 물릴까 말까에 대해. 평민들은 당연히 찬성표를 던질 테지만 성직자와 귀족들은 반대표를 던질 게 뻔하지요. 지금까지 세금을 내지 않고도 잘만 살았는데 이제 와서 내라면 누가 좋아하겠어요? 결국 투표로 결정할 수밖에 없었습니다.

성직자 대표는 300명, 귀족 대표도 300명입니다. 반면 평민 대표는 600명이 넘습니다. 이 사람들이 투표를 하면 숫자가 많은 평민 대표가 이길 테지요.

하지만 삼부회의 투표 방법은 독특합니다. 삼부회는 신분별로 투표를 다르게 했습니다. 모든 사람이 투표를 하는 것이 아니라 계급별로 딱 한 표씩만 행사합니다. 삼부회는 계급이 셋이니 표가 석 장뿐입니다. 이 투표로 평민들은 절대 이길 수가 없습니다. '성직자와 귀족 2 대 평민 1'이 될 테니까요. 오랫동안 프랑스가 성직자와 귀족 중심 사회인 데에는 이유가 있었던 것입니다.

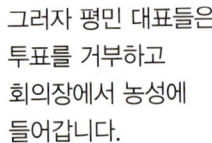

투표로 처형당한 루이 16세

"누구 맘대로 국민의 대표라는 거야?"

왕과 귀족들은 어이가 없습니다. 병사들을 풀어 테니스장에서마저 평민 대표들을 쫓아내 버리려 합니다. 이 소식은 궁전 밖에서 기다리던 시민들 귀에도 들어갑니다. 자신들의 대표가 곧 쫓겨날 거라는 말에 그들은 술렁입니다. 술렁임은 이내 분노로 바뀌지요.

"우리는 팍팍하게 살면서도 세금을 내는데, 놀고먹는 자들이 세금을 아까워해?"

시민들이 화를 내는 것은 세금 때문만이 아니었습니다. 신분 제도에 따른 차별 대우와 귀족들의 사치와 횡포, 정부의 부정부패와 극심한 경제난으로 불만이 잔뜩 쌓여 있던 상태였어요. 그래서 그들은 이번 삼부회 투표에 큰 기대를 걸었어요. 그마저도 허사로 돌아가자 시민들은 폭발합니다. 그들은 무리를 지어 파리 병기창을 습격해 무기를 탈취합니다. 이제 총기로 무장한 시민들은 파리 동쪽으로 달려갑니다. 아파트 10층 높이에 달하는 거대한 감옥, 바스티유가 있는 곳이었죠.

바스티유는 주로 사상범, 그러니까 정부에 반대하는 사람들을 가두는 악명 높은 곳입니다. 시민들이 바스티유를 습격한 것은 현 정부에 반대한다는 의지였어요. 더불어 아마도 억울하게 갇혀 있을 양심수들을 구출하고 싶기도 했을 겁니다. 하지만 감옥에는 사기꾼 4명과 정신 질환자 2명이 있었을 뿐입니다. 바스티유가 사상범 감옥이었던 것도 이미 옛이야기였어요.

　시민군은 헛다리를 짚었지만, 바스티유가 점령당했다는 사실만으로도 왕과 귀족들은 간담이 서늘해졌습니다. 반란! 시민들이 무장을 하고 국가 건물을 공격한 대사건이었습니다. 프랑스 혁명은 이렇게 시작되었습니다. 7월 14일, 바스티유가 함락당한 이날은 오늘날 프랑스의 혁명 기념일이기도 합니다.

　바스티유 점령 소식은 농촌에도 전해집니다. 소처럼 순박하던 농민들도 자신들을 착취하던 귀족의 집을 습격하기 시작합니다. 삼부회 투표에서 튄 불똥이 큰 불길이 되어 프랑스 전역으로 번져 나간 것이에요. 겁을 먹은 귀족과 성직자들은 뿔뿔이 흩어집니다. 약탈과 방화가 잇따르자 국민 의회도 당황합니다. 그들은 설마하니 일이 이렇게까지 커질 줄은 전혀 예상하지 못했어요. 그래도 명색이 국민 대표이니 서둘러 혼란을 수습해야 했어요. 흥분한 농민과 시민을 진정시키려면 그들을 달랠 정책이 필요했습니다. 국민 의회는 오랫동안 농민들을 고통스럽게 했던 봉건제를 폐지하고 그 유명한 '인간 및 시

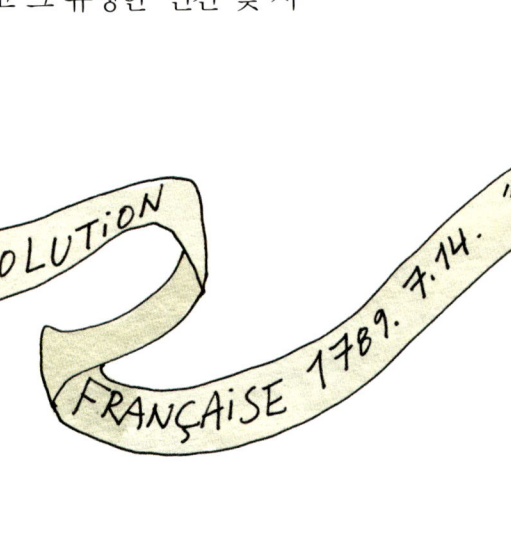

민의 권리 선언'을 발표합니다.

　오늘날 '인권 선언'이라는 이름으로 더 잘 알려진 이 '권리 선언'에는 "인간은 모두가 평등하고 자유롭다.", 즉 신분제를 폐지한다는 내용이 적혀 있었습니다. 국민 의회는 루이 16세를 베르사유 궁전에서 끌어내 작은 궁에 감금시킵니다. 이때만 해도 국민 의회는 왕을 죽일 생각도, 왕을 끌어내릴 생각도 없었어요. 국민 의회는 내심 영국에서 성공한 명예혁명을 염두에 두고 있었어요. 왕은 있되, 권력은 없는 입헌 군주제 말이에요. 그런데 루이 16세가 왕비와 함께 탈출하면서 이 계획은 틀어지게 됩니다.

　궁을 빠져나온 루이 16세는 오스트리아로 길을 잡았습니다. 오스트리아는 왕비인 마리 앙투아네트의 고향이고, 왕비의 오빠인 레오폴트 2세가 다스리고 있었습니다. 루이 16세는 처남인 레오폴트 2세가 군대만 빌려준다면 무례한 시민들을 무릎 꿇리고 왕위에 복귀할 수 있다고 생각했어요. 하지만 국경을 넘기도 전에 어이없게도 한 시민에게 들키고 맙니다. 당시 프랑스 동전에는 국왕의 옆얼굴을 새겨 넣었

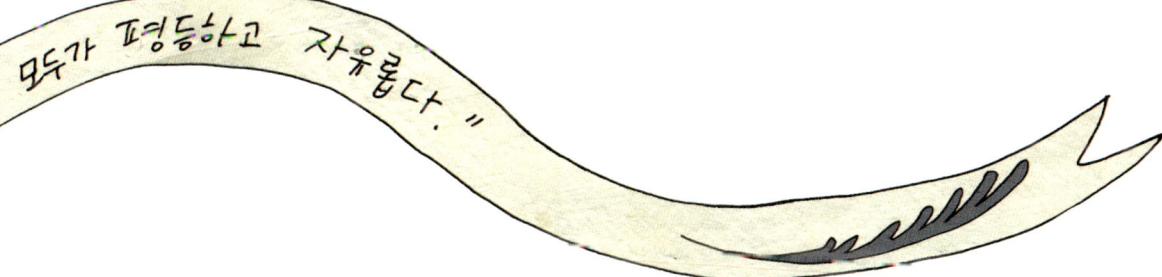

거든요. '어디서 많이 본 얼굴인데?' 그를 알아본 역장 아들의 신고로 루이 16세와 왕비는 체포되어 파리로 돌아오고 말아요.

1792년 12월 26일, 왕의 운명을 결정하는 투표가 시작되었어요. 국민 대표 721명이 투표한 결과 361 대 360, 한 표 차이로 반역죄가 확정됩니다. 다음 해인 1793년 1월 21일, 루이 16세는 콩코르드 광장 단두대에서 처형됩니다. 삼부회 투표를 소집했던 루이 16세가 그로부터 3년 뒤 투표를 거쳐 끝내 생을 마치게 된 것입니다.

투표는 잘난 사람을 뽑는 것

프랑스 혁명으로 군주제와 신분제가 폐지되고 "모든 인간은 평등하다."라는 '인권 선언'도 발표되었습니다. 그래서 프랑스 국민들은 드디어 투표권을 갖게 되었을까요? 그렇지는 않습니다. 투표권은 여전히 재산이 있는 남자에게만 주어졌어요.

이쯤에서 다시 삼부회 투표로 돌아가 보겠습니다. 1789년 봄, 600명이 넘는 평민 대표가 투표에 참여하러 베르사유 궁전에 모였습니다. 평민 대표라고 하니 농민이나 대장장이, 청소부처럼 서민적이고 친근한 사람을 상상하겠지만 실제로는 의사와 변호사, 금융인, 기업인이 대부분이었어요. 재산이 있고 많이 배운 전문가와 지식인들이었지요. 순수한 평민들도 있었으나 그 수는 얼마 안 됩니다.

평민 대표는 선거로 뽑힌 사람들입니다. 그런데 이 선거가 좀 독특

합니다. 요즘의 국회 의원 선거는 한 번의 투표로 끝납니다. 그런데 평민 대표 선거는 두 번에 걸쳐 이루어집니다. 일단 지방에서 뽑힌 사람들이 대도시로 올라갑니다. 그리고 그들이 다시 다른 사람을 뽑습니다. 간접 선거입니다. 대도시에는 부자들이 많이 삽니다. 은행가나 변호사가 농촌이나 산골에 얼마나 살겠어요? 평민 대표에 부자들이 많은 데에는 이런 이유가 있습니다. 그래도 여전히 석연치 않습니다. 대도시에도 빵집 주인이나 벽돌공 같은 평민들이 많이 있습니다. 그렇다면 자신들과 처지가 비슷한 사람을 뽑을 법도 한데 왜 그러지 않았을까요?

   엘리트(elite). 보통 공부 잘하는 학생을 '엘리트'라고 부릅니다. 본래 엘리트는 '무리에서 뛰어난 사람'을 일컫는 말이에요. 일렉션(election)은 '선거'를 뜻하는 영어입니다. 엘리트와 철자가 비슷하죠? 두 단어는 어원이 같습니다. 선거를 할 때 사람들은 자신보다 뛰어난 후보에게 투표하기 마련입니다. 정치를 하려면 복잡한 법조문과 난해한 문서를 척척 읽고 빠르게 판단해야 한다고 여겼으니까요. 이런 현상은 현대에도 종종 찾아볼 수 있습니다. 반장 선거나 전교 학생회장 선거에 나오는 대부분의 후보는 공부를 잘하는 우등생이거나 집이 부유하거나 인기가 많은 학생들입니다. 국회 의원, 대통령, 시장 선거도 비슷합니다. 후보자들은 명문 대학 졸업장과 상당한 재산을 갖고 있습니다. 평범한 시민이나 노동자가 후보로 나오긴 하지만 득표율은 높지 않지요.

프랑스 혁명 이후에도 투표권은 제자리걸음이었습니다. 당시 프랑스 인 약 2500만 명 중 투표권을 가진 사람은 430만 명 정도였습니

2% 피투표권: 노동자의 열흘 치 급료를 세금으로 낼 수 있는 성인 남자

17.2% 투표권: 노동자의 사흘 치 급료를 세금으로 낼 수 있는 성인 남자

80.8%: 투표권, 피투표권이 없는 국민

프랑스 혁명 이후 프랑스 전체 인구

다. 투표권이란 내가 원하는 사람을 뽑을 수 있는 권리입니다. 그렇다면 내가 후보자가 되어 뽑힐 수 있는 권리도 있겠죠. 이를 '피투표권'이라고 합니다. 프랑스 혁명이 끝났을 때 피투표권을 가진 프랑스 인은 약 50만 명에 불과했습니다. 투표권의 기준은 역시 재산이었습니다. 노동자의 사흘 치 급료를 세금으로 낼 수 있는 성인 남자에게만 투표권을 주었어요. 피투표권의 기준은 더 높았습니다. 열흘 치의 급료를 세금으로 낼 수 있는 성인 남자만 출마할 수 있었어요. 어느 쪽이든 부자들에게는 손쉬운 조건이었습니다.

투표하는 데 재산이 왜 그렇게 중요하지?

재산은 고대 아테네부터 줄곧 투표의 중요한 조건이었습니다. 프랑스 혁명으로 모든 인간은 평등하다는 '인권 선언'이 발표된 뒤에도 달라진 건 없었어요. 여성들은 여전히 투표권이 없었고 남성들도 어느 수준 이상의 재산이 있어야만 투표를 할 수 있었지요. 질문 하나 해볼게요. 여러분은 국가가 어떻게 탄생했다고 생각하나요?

"씨족 사회가 부족 사회로 확대되면서 국가가 만들어졌다."

대부분의 교과서에는 이렇게 적혀 있을 겁니다. 프랑스 혁명이 일어나기 약 100년 전의 유럽 사상가들은 이렇게 설명했습니다.

"국민의 생명과 자유, 재산권을 지키기 위해 국가가 탄생했다."

오늘부터 국가가 사라진다고 상상해 봅시다. 가장 먼저 도둑과 강도가 창궐할 겁니다. 밤에는 물론이고 대낮에도 흉기를 든 자들이 사람들의 목숨과 재산을 호시탐탐 노릴 겁니다. 국가가 없으면 경찰도 존재하지 않으니까요. 또 외적이 침략해 살인과 방화와 약탈을 저지를 겁니다. 국가가 없으면 군대도 만들어지지 않으니까요. 목숨과 재산은 자기 스스로 지켜야 합니다. 외출할 때는 무기를 품에 넣고 다녀야 하고 지역마다 민병대를 조직해 군사 훈련을 받아야 합니다. 너무도 불안하고 고달픈 삶입니다. 가장 고통스러운 것은 모든 사람을 일단 적으로 의심하고 경계해야 하는 상황입니다.

'저 사람이 갑자기 돌아서서 칼을 들이대면 어쩌지?'

'뒤에 있는 사람이 내 지갑을 노리는 것은 아닐까?'

17세기 영국의 철학자 토머스 홉스는 이러한 상황을 "만인의 만인에 대한 투쟁"이라고 비유했습니다. '만인'이란 '모든 사람'을 뜻합니다. 모든 사람이 다 적이라는 뜻이죠. 이래서는 하루도 마음 편히 지낼 수 없습니다. 그래서 사람들은 누군가와 계약을 맺습니다. 계약 상대편에게 이 혼란스러운 상황에서 질서를 잡아 줄 것을 부탁합니다.

상대편은 군대를 만들고 법을 제정하고 경찰을 조직합니다. 대신 여기에 드는 비용은 부탁한 사람들이 부담합니다. 바로 세금이죠. 이 계약 상대편이 국가입니다. 이를 '사회 계약설'이라고 합니다. 사람들의 생명과 재산을 지키기 위한 계약으로 탄생한 것이 국가라는 뜻입니다.

물론 이렇게 탄생한 국가는 지구 상 어디에도 없습니다. 국가는 부동산 계약하듯 사무실에 앉아 계약서에 서명을 해서 탄생하는 것이 아닙니다. 이렇게 탄생했다기보다는 앞으로 국가는 이렇게 해야 한다는 요구 사항에 가깝습니다. 그 요구의 일부가 녹아든 것이 미국의 '독립 선언서'와 프랑스의 '인권 선언'입니다. 이 선언문들에는 국가가 국민의 생명은 물론 재산도 보호해야 한다는 규정이 들어 있습니다. 당시 선언문을 이끌어 낸 사람들이 자신의 재산에 얼마나 집착하고 민감했는지 알 수 있습니다. 미국 독립과 프랑스 혁명의 주역이 바로 재산을 소유한 부자와 지식인들이었으니 당연하지요. 하지만 보호받을 재산이 없는 사람들에게는 투표권조차 주어지지 않았던 거예요.

오늘날 법은 노동자들이 몇 시간 이상 일하면 안 된다고 정해 두었습니다. 또, 어린이들은 노동을 할 수 없고 여성들은 임신을 하면 법이 정한 만큼 출산 휴가를 쓸 수 있어요. 노동조합을 만들어 회사와 임금 및 노동 조건도 협상할 수 있습니다. 하지만 19세기 노동자들은 그러지 못했습니다. 당시 유럽은 산업 혁명 기간이었습니다. 노동자들은 위험하고 불결한 작업장에서 하루 평균 14시간 이상 일했습니다. 어린이들도 어른들 틈에서 일을 했고 기계를 돌리다 공장에서 아기를 낳는 여성도 흔했습니다. 게다가 임금도 형편없는 수준이었고 노동자들은 임금 인상을 요구할 수도 없었습니다. 노동조합을 만드는 것 자체가 불법이었거든요. 당시 법은 노동자에게는 불리하고 회사에만 유리한 내용투성이였습니다.

이제, 노동자들이 적극적으로 움직이기 시작합니다.

이런 일도 있었습니다. 어떤 공장 노동자가 사장을 고발하려고 법원에 갔습니다. 그런데 판사로 앉아 있는 사람이 바로 그 사장이었습니다. 공정한 재판은커녕 고발조차 제대로 하기 어려웠겠죠.

차티스트 운동

산업 혁명이 한창이던 19세기 초 영국의 지방 인구는 빠르게 줄어들고 있었습니다. 사람들이 일자리가 많은 도시로 떠났기 때문입니다. 이렇게 되자 투표할 사람도 부족해졌습니다. 당시 영국 의원 선거도 오늘날처럼 지역 주민들이 투표했습니다. 이런 단위 구역을 '선거구'라고 부릅니다. 선거구가 되려면 사람이 어느 정도 살아야 합니다. 수십 명이 고작인 마을이나 무인도에서 선거를 치를 수는 없으니까요. 영국 정부는 고심 끝에 투표권을 확대하기로 결정합니다. 더 많은 사람에게 투표권을 주어 선거를 치르려는 것이었죠. 이즈음 투표권을 가진 영국인은 약 40만 명이었습니다. 100명 중 4명꼴이었지요.
"어쩌면 우리도 투표할 수 있을지 모르겠네."

도시의 공장 노동자들은 기대감에 가슴이 부풀었습니다. 그리고 1832년 1차 선거법 개정이 발표됩니다. 투표권이 40만 명에서 65만 명으로 늘어났지만 도시 노동자나 농민들은 대상이 아니었습니다. 새롭게 투표권을 받은 사람들은 부자와 공장 노동자 사이에 낀 중산층이었습니다. 이번에도 재산이 기준이었습니다.

실망한 공장 노동자들은 1839년 투표권을 달라는 운동을 시작합니다. 이를 '차티스트 운동'이라고 부릅니다.

노동자들은 이 기회에 그동안 참아 왔던 불만들을 다 쏟아 냅니다.

영국 노동자들은 125만 명이 넘는 사람들에게 서명을 받은 종이를 마차에 산더미처럼 싣고서 의회로 달려갔죠.

그러나 노동자들의 요구는 의회 표결에서 압도적인 표 차이로 묵살당합니다.

여기서 멈추지 않고 노동자들은 다시 서명을 받아 제출합니다. 의회는 또 묵살합니다.

포기하지 않는 노동자들의 뚝심도 대단했지만 뜻을 굽히지 않는 의회의 고집도 어지간했습니다.

그렇게 10년이 흘렀지만 차티스트 운동은 의회의 반대에 막혀 흐지부지되고 맙니다. 투표권을 달라는 노동자들의 운동은 이렇게 허사로 끝나고 마는 것일까요?

변화에는 때로 시간이 필요합니다. 오늘 쏟아부은 노력이 당장 내일부터 결과로 나타나지는 않습니다. 차티스트 운동이 성과를 맺는 데에도 시간이 필요했습니다. 소수이기는 하지만 노동자들의 주장에 동감하는 의원들이 있었습니다. 위험하고 불결한 작업장, 긴 노동 시간, 낮은 급료, 노동자들의 열악한 환경을 개선하고 그들에게도 동등한 권리를 줘야 한다고 믿는 의원들이 조금씩 늘어나기 시작했던 것입니다. 1867년 8월, 영국 의회는 도시의 노동자에게 투표권을 주는 2차 선거법 개정을 통과시킵니다. 그 결과, 1차 선거법 개정 전에 40만 명이 전부였던 투표권자 수가 6배가 넘는 250만 명으로 늘어납니다. 17년 뒤인 1884년에는 3차 선거법 개정으로 농촌과 광산 노동자에게도 투표권이 주어집니다. 차티스트 운동이 뒤늦게 결실을 보게 된 셈이에요.

비슷한 시기인 1870년, 미국도 한때 노예였던 흑인들에게 처음으로 투표권을 허용했어요. 가난한 노동자와 흑인까지, 오랫동안 소외되었던 이들이 19세기가 끝나기 전에 투표권을 갖게 된 것이에요. 그럼 이제 모든 사람이 빠짐없이 투표권을 갖게 되었을까요? 아직도 투표권이 없는 사람들이 남아 있었어요. 바로 여성입니다.

올랭프, 케이트, 에밀리

여성들은 투표권의 마지막 퍼즐 조각이었습니다. 20세기가 시작된 뒤에도 그들은 여전히 투표권을 가지지 못했어요. 그 어떤 정치인들도, 그 어떤 부자들도, 어렵게 투표권을 획득한 공장 노동자들도 여성들의 투표권 이야기만 나오면 침묵했어요. 평등은 오직 남성들 세계에서만 통하는 가치였던 것입니다. 아무도 도와주지 않는다면 남은 방법은 하나뿐입니다. 여성들 스스로 이 세계와 싸워서 투표권을 얻어 내는 것이지요. 쉽지 않은 일이고 희생까지 각오해야 하는 기나긴 싸움이었습니다. 지금부터 투표권을 위해 싸운 용감한 여성 셋을 소개하겠습니다.

올랭프 드 구즈는 프랑스 출신의 여성 극작가입니다. 그녀는 18세기 프랑스 혁명 때 활동한 인물이지요. 당시 프랑스에는 단두대, 프랑스어로 '기요틴'이라고 부르는 무시무시한 사형대가 있었어요. 높은 곳에서 커다란 칼을 떨어뜨려 사람의 목을 자르는 처형 기구입니다. 프랑스 혁명 이후 막시밀리앙 로베스피에르라는 사람이 이끄는 자코뱅당이 권력을 잡았어요. 자코뱅당은 자신들에게 반대하는 사람들을 단두대로 보내 닥치는 대로 처형했어요. 이때 14개월 동안에 2만여 명이 목숨을 잃었는데, 한 시간에 2명씩 단두대에서 목이 잘린 셈입니다. 그래서 이 시기의 정치를 '공포 정치'라고 부릅니다.

로베스피에르는 여성들의 정치 활동도 금지했습니다. 올랭프 드 구즈는 도저히 이해할 수 없었어요. 프랑스 혁명 때 여성들도 시민군에 합류해 창을 들고 대포를 끌면서 용감히 싸웠어요. 그런데 혁명이 성공하니까 이제 여성들은 나서지 말라고 합니다. 구즈는 여성들에게도 투표권과 정치 참여권이 있어야 한다고 주장합니다. 로베스피에르는 그런 그녀가 영 마음에 들지 않습니다. 1793년 11월, 로베스피에르는 구즈를 체포하여 설득합니다. 하지만 구즈가 설득되지 않자 그녀를 단두대에서 처형해 버리지요.

오늘날 뉴질랜드 10달러 지폐에는 한 여성의 모습이 새겨져 있습니

다. 그녀는 1893년 뉴질랜드 여성이 세계 최초로 투표권을 얻는 데 공헌한 케이트 셰퍼드입니다. 케이트는 20대 초반 영국을 떠나 뉴질랜드로 왔습니다. 당시 뉴질랜드는 영국의 식민지 국가였습니다. 영국도 그렇지만 당시 뉴질랜드도 여성 차별이 심한 사회였습니다. 남성들은 여성은 열등하고 미성숙하므로 투표권을 줄 필요가 없다고 믿고 있었어요. 케이트는 이런 남성들의 생각이 틀렸다는 것을 보여 주고 싶었지요.

1878년, 케이트는 투표권을 원하는 여성들에게 서명을 받아 의회에 제출했습니다. 물론 의회의 대답은 "안 돼!"였습니다. 다음 해에도 서명받은 서류를 제출했지만 결과는 마찬가지였습니다. 평범한 방법으로는 안 되겠다고 여긴 그녀는 모두를 놀라게 할 만한 방법을 생각해 냈습니다.

1887년, 그녀는 233미터에 이르는 탄원서를 손수레에 싣고 의회로 들어갔어요. 축구 경기장 길이의 2배 가까이 되는 문서였고, 의회 역사상 가장 기다란 탄원서로 기록됩니다. 몇몇 의원들은 그녀의 고집에 질렸지만 일부 의원들은 그녀의 끈기에 감탄했습니다. 6년 뒤 뉴질랜드 의회는 투표를 통해 여성 참정권 법안을 통과시킵니다. 뉴질랜드는 물론 영국, 오스트레일리아, 미국의 여성들이 이 소식을 자기 일처럼 기뻐했어요. 하지만 케이트는 덤덤했습니다.

"이 법안을 통과시킨 남성 의원들에게 고맙지는 않습니다. 단지 우리도 세금을 내고 죄를 지으면 감옥에 갈 사람이라는 것을 인정받은 것뿐이니까요."

1913년 6월 4일, 영국 런던의 경마장에서 한 젊은 여성이 달려오는 경주마를 향해 몸을 던집니다. 말과 충돌하기 직전, 그 여성은 이렇게 외칩니다.

"여성에게도 투표권을!"

경기는 중단되었고 그 여성은 즉시 병원으로 옮겨졌어요. 그녀는 영국의 여성 운동가 에밀리 데이비슨이었어요. 당시 영국 남성들이 가장 증오하는 여성이기도 했습니다. 그녀는 여성 투표권을 위해 과격한 행동을 서슴지 않았거든요. 돌을 던지고, 불을 지르고, 정치인의 집에도 뛰어들었어요. 그러다가 체포되면 감옥에서 단식 투쟁을 하고 심지어 자살 시도까지 할 정도였어요.

다음 날 영국 신문 1면에는 〈미친 여자가 경기를 망쳤다〉라는 제목의 기사가 실렸습니다. 신문을 읽은 영국 남성들은 혀를 찹니다.

"이 여자, 언제고 사고 칠 줄 알았지."

머리를 크게 다친 에밀리는 나흘 뒤 병원에서 숨을 거두고 맙니다. 소식을 들은 영국 여성들은 크게 슬퍼하고 또 분노했어요. 그들은 거리로 몰려나와 투표권을 달라며 시위를 벌였습니다. 하지만 에밀리의 희생에도, 여성들의 울부짖음에도 남성들은 꿈쩍도 하지 않았어요.

그리고 다음 해인 1914년 제1차 세계 대전이 일어납니다. 수백만 명

의 남성들이 전쟁터로 떠나자 도시와 공장에서 일할 사람이 없었습니다. 그 공백을 메꾼 것은 여성들이었어요. 여성들은 투표권 운동을 중단하고 공장에 들어가서 씩씩하게 기계를 돌리고 타자기를 두드려 문서를 작성했습니다. 또, 군인들이 쓸 대포와 총을 뚝딱 만들거나 간호사가 되어 전선으로 달려가 부상병을 치료하기도 했습니다. 여성들의 맹활약에 그동안 여성의 능력을 무시하거나 깔보던 남성들도 차츰 생각을 달리하게 됩니다. 그 변화는 투표권에서 고스란히 드러납니다.

제1차 세계 대전이 끝나 갈 무렵인 1917년에는 러시아가, 1918년

　는 독일, 오스트리아, 폴란드, 체코슬로바키아, 영국이, 1919년에는 헝가리가, 1932년에는 우루과이와 태국이, 1934년에는 튀르키예, 브라질, 쿠바가, 제2차 세계 대전이 끝나 갈 무렵과 전쟁이 끝난 직후에는 프랑스, 이탈리아, 중국이, 1949년에는 인도가, 1956년에는 파키스탄이, 1971년에는 스위스가 각각 여성에게 투표권을 부여합니다.

　오늘날 대부분의 국가에서는 여성과 남성에게 동등하게 투표권을 줍니다. 그러나 아직도 투표권이 없는 여성들이 있습니다. 드물기는 하지만 이슬람 문화권인 중동 국가들 중에 여전히 여성에게 정치 참여를 허락하지 않는 나라가 있거든요.

　여성들이 투표권을 얻게 되면서 투표권의 마지막 퍼즐 조각까지 맞추어졌어요. 하지만 여성들은 투표만 하는 유권자에 만족하지 않고

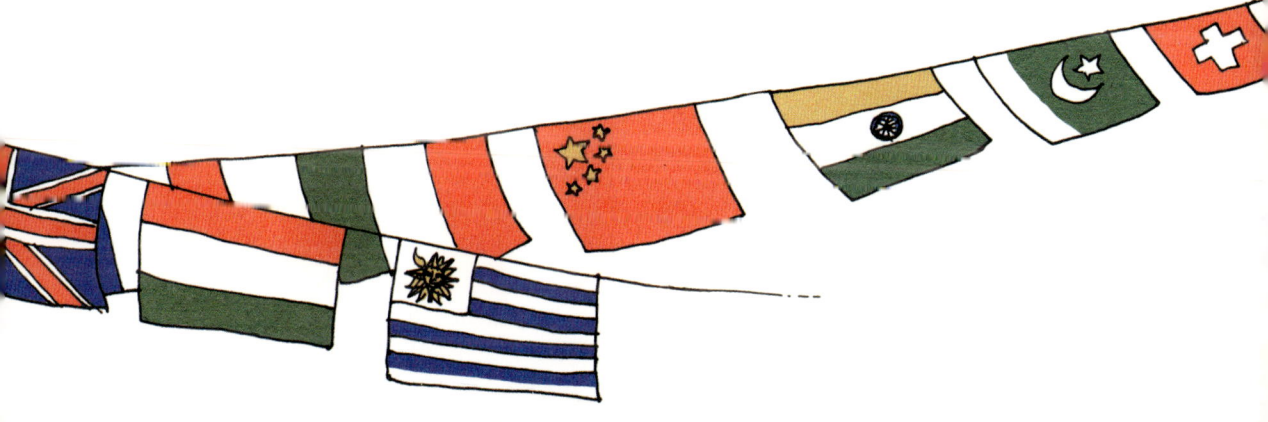

적극적으로 정치에 참여하기 시작했습니다.

1974년, 아르헨티나의 이사벨 마르티네스 데 페론은 세계 최초로 여성 대통령이 됩니다. 이 밖에도 영국의 마거릿 대처 총리와 아이슬란드의 대통령이었던 비그디스 핀보가도티르, 인도 총리였던 인디라 간디 등 오늘날 여성들은 대통령은 물론 국회 의원, 시장으로 맹활약을 하고 있어요. 2016년 현재, 여성 지도자는 독일 총리 앙겔라 메르켈을 비롯한 7명입니다. 그중에는 한국의 박근혜 대통령도 있습니다.

많은 사람들이 투표권을 가볍게 생각합니다. 때 되면 갖게 되는 주민 등록증처럼, 어른이 되면 당연히 갖게 되는 권리쯤으로 생각합니다. 그래서 우리는 종종 잊어버립니다. 그 당연해 보이는 권리가 사실은 400년 전만 해도 어른 100명 중 1명만 가졌던 특권이었고, 200년 전에는 100명 중 20명만이 가졌으며, 그리고 100년 전까지 성인의 절반은 가지지 못했다는 사실을 말이에요. 오늘날 우리 손에 들린 투표용지에는 수많은 사람들의 절망과 꿈과 눈물이 짙게 배어 있습니다. 거저 얻어지는 권리란 이 세상에 없습니다. 우리의 한 표, 한 표는 그래서 소중합니다.

정사암과 화백

백제인들은 부여를 '사비'라고 불렀습니다. 고대 백제의 수도 사비에는 귀족들이 투표를 하던 정사암이라는 바위가 있었습니다. 정사암은 글자 그대로 '정치를 다루는 바위'라는 뜻입니다.

바위에서 어떻게 정치를 할까요? 백제 귀족들은 이 바위를 테이블 삼아 빙 둘러앉은 후 투표로 재평을 뽑았습니다. 재평은 백제의 재상으로, 오늘날로 치면 국무총리쯤 되지요. 귀족들은 투표지에 후보자의 이름을 써서 상자에 넣었습니다. 그리고 며칠 뒤 투표함을 열어 결과를 확인했어요. 멀쩡한 궁궐을 두고 왜 굳이 언덕까지 올라가 투표를 했을까요? 그건 지금도 알 수 없습니다. 《삼국유사》에 6세기 백

제 귀족들이 정사암에서 재평을 선출했다는 내용만 남아 있을 뿐이거든요. 다만 이렇게 추측할 수는 있어요.

당시 백제는 물론이고, 신라, 고구려 등 고대 삼국 시대의 왕에게는 큰 권력이 없었어요. 실제 정치는 귀족들이 장악하고 있었지요. 귀족들이 결정해 왕에게 통보하면 왕은 승인을 하는 식이었습니다. 어쨌든 정사암 투표는 기록으로 전해지는 우리나라 최초의 투표입니다.

비슷한 시기 신라와 고구려에도 유사한 투표가 있었어요. 신라 귀족들은 화백을 통해 국가의 중요한 일을 결정했습니다. 장소도 궁궐이 아닌 산과 절이었어요. 화백의 결정은 막강한 권한을 가졌습니다. 새 왕을 뽑기도 하고 마음에 안 들면 끌어내릴 수도 있었어요. 실제로 6세기에 신라 귀족들은 정치가 서투르고 사생활이 문란하다는 이유로 진지왕을 폐위했어요.

화백의 특징은 만장일치제입니다. 그러니까 한 명이라도 반대하면 없던 일이 되는 것이죠. 화백이 투표 방식이었는지 손을 드는 거수 방식이었는지는 확실하지 않아요. '아마도 먼저 토론을 한 다음 의견 일치를 보는 방식이 아니었을까?'라고 학자들은 추측할 뿐입니다.

세종 대왕의 국민 투표

1430년 3월 5일은 우리 민족 최초로 국민 투표가 실시된 날입니다. 당시 조선의 왕이었던 세종 대왕은 새로운 법을 만들었어요. 그리고 이 법을 어떻게 생각하는지 국민의 뜻을 묻기로 합니다. 신하들은 물론 백성들도 깜짝 놀랐습니다. 이때만 해도 나라가 법을 만들고 백성은 따르면 그만이었거든요. 어떤 왕도 백성들의 의견 같은 것은 묻지 않았습니다. 대체 어떤 법이었길래 그랬을까요?

조선은 농업 국가입니다. 세금도 수확한 곡식으로 납부했어요. 그런데 농사는 자연환경에 크게 영향을 받습니다. 이를테면, 자갈밭을 갈아서 일군 척박한 논과 하천 주변의 기름진 논은 수확량이 다를 수밖에 없어요. 날씨도 중요한 요소입니다. 비가 알맞게 오고 햇볕이 잘 내리쬔 해에는 풍년이 들지만 가뭄이 들고 홍수가 진 해에는 흉작을 피할 수 없어요. 수확량이 많은 논 주인은 세금을 많이, 그렇지 않은 논 주인은 그보다 적은 곡식을 세금으로 냈어요. 언뜻 공정해 보이지만 이 방법에는 문제점이 있었습니다.

'기름진 땅인가, 척박한 땅인가? 풍년인가, 흉년인가?'에 대한 판단은 지방 관리들이 했습니다. 관리들은 미리 땅에 등급을 매기고 가을이 되면 흉년인지 풍년인지 또 등급을 나눕니다. 그런데 어디에든 정직하지 못한 관리들이 있기 마련입니다. 그들은 땅 주인에게 뇌물을 받고 거짓 보고를 일삼았습니다.

"나리, 우리 논은 올해 농사를 망쳤다고 보고해 주십쇼."

"나만 믿게."

땅 주인들은 할 수 있는 한 세금을 적게 내고 싶어 합니다. 그래서 돈을 뿌려서라도 부패한 관리들과 한통속이 됩니다. 이렇게 한 사람이 세금을 적게 내면 거둬야 하는 전체 세금 양에 구멍이 뻥 뚫립니다. 그 공백을 다른 농민들이 메워야 하니 결국 정직한 농민들만 피해를 입게 되는 거예요. 세종 대왕은 이런 폐단을 잘 알고 있었어요. 그래서 이 세법에 대해 백성들의 뜻을 묻고자 한 것이지요. 당시로서는 참으로 획기적인 일이었습니다.

이렇게 하여 1430년 3월 5일에 시작된 투표는 5개월 뒤인 8월 10일에나 끝이 납니다. 모두 17만 2806명의 백성이 응답했는데, 이는 당시 조선인 4명 중 약 1명꼴입니다. '에계, 겨우?'라고 생각하겠지만 여자와 어린이, 노비와 천민은 투표 대상이 아니라는 점을 감안하면 꽤 높은 투표율입니다. 투표 결과는 찬성 9만 8571명, 반대 7만 4149명이었어요.

찬성이 더 많았지만 세종 대왕은 이 법을 바로 시행하지 않습니다. 세종 대왕은 꼼꼼했습니다. 투표 결과를 유심히 뜯어봤죠. 그랬더니 남쪽 지역에서 유난히 찬성표가 많이 나왔고, 반대로 북쪽 지역은 반대표가 많다는 것을 알아차립니다. 왜 그랬을까요? 평야가 많고 기후가 따뜻한 경상도와 전라도는 조선의 곡창 지대였습니다. 반면 함경도와 평안도는 산이 많은 데다 추워서 수확량이 보잘것없었죠. 이 상태로 세금을 내라고 하면 남쪽 농민들은 춤을 추겠지만 북쪽 농민들은 울상을 지을 겁니다. 100원을 가진 사람의 10원과 1만 원을 가진 사람의 10원은 다릅니다. 치명적인 문제점을 알아낸 거예요.

'아무래도 법을 좀 손봐야겠군.'

세종 대왕은 이 법을 10년간 주무르고 손질합니다. 그리고 1440년에 먼저 경상도와 전라도 지역에서 시험 삼아 이 법을 실시해 봅니다. 4년 뒤인 1444년, 마침내 이 법을 전국적으로 확대하지요. 투표를 하고 14년 만의 일이었습니다.

반올림 투표

해방 3년 뒤인 1948년 5월 10일 한국 최초의 투표가 실시되었어요. 500여 년 전 관리들이 붓과 종이를 들고서 집집마다 찾아다니던 조선식 투표가 아니라 기표한 투표용지를 투표함에 넣는 서양식 투표였지요. 초대 국회 의원을 뽑는 투표였습니다. 그 결과, 198명의 초대 국회 의원이 탄생합니다. 그들은 두 달 정도 머리를 맞대고 고민한 끝에 최초의 헌법을 만들어 7월 17일에 공표했어요. 그리고 한 달 뒤인 8월 15일 역사적인 대한민국 정부가 수립됩니다.

다음은 대통령 차례입니다. 초대 대통령으로는 이승만 박사가 선출되었어요. 오늘날 대통령은 국민이 직접 투표로 뽑고 임기는 5년에 딱 한 번만 할 수 있지만 이때는 국민이 아니라 국회 의원들이 투표로 대통령을 선출했어요. 또 임기는 4년에, 본인이 원한다면 투표를 통해 한 번 더 도전할 수 있었죠.

이승만은 다시 도전해 또 당선됩니다. 하지만 세 번은 불가능합니다. 대통령 임기는 워낙 중요해서 뽑는 방법과 임기를 헌법에 정해 두었거든요. 그러니까 예정대로라면 1956년에 그는 대통령직에서 물러나야 했습니다. 하지만 이승만은 그럴 생각이 없었습니다.

이승만처럼 갓 독립한 신생국의 초대 지도자에는 독립운동가 출신이 많았습니다. 그들은 식민지 시절 국민이 존경하던 영웅이었지요. 국민들은 독립을 위해 헌신한 사람들이니 틀림없이 좋은 지도자가 될 거라고 믿습니다. 그런데 어찌 된 일인지, 그들 중에는 독재자로 변신한 이들이 적지 않습니다.

나치 독일에 맞서 알바니아의 독립운동을 이끌었던 엔베르 호자, 영국 식민지 지배에 대항했던 가나의 콰메 은크루마, 역시 영국과 싸웠던 짐바브웨의 로베르 무가베 등이 그랬습니다.

1954년, 이승만 임기 6년째.
"법에 따르면 이제 곧 물러나야 한다고?"
"내가 초대 대통령인데, 나 정도면 임기 제한이 없어도 되는 거 아니야?"
이는 헌법을 고치겠다는 의미이죠. 대통령 임기는 헌법에 정해져 있으니까요.

헌법은 쉽게 뚝딱 고칠 수 없습니다. 보통 투표는 과반수가 찬성하면 통과되지만, 헌법은 3분의 2가 찬성해야 고칠 수 있거든요. 어쨌든 이승만의 요구로 국회는 헌법 개정 투표를 엽니다.

찬성표는 135장이었습니다. 136표가 나와야 헌법을 고칠 수 있는데 딱 한 표 차이로 평생 대통령을 하겠다는 꿈이 물거품이 된 것이지요. 여기서 이승만은 엉뚱한 주장을 합니다.

"135표면 3분의 2가 맞는데 왜들 그러나?"

"허걱! 그게 무슨 소리?"

"135.33333······을 반올림하면 135! 그러니 135표면 가능해!"

당시 투표를 한 의원은 203명이고, 그 3분의 2는 135.33333······. 그러나 사람을 소수점으로 표현할 수는 없으니 136명이 넘어야 3분의 2가 되어 헌법 수정이 가능합니다.

"203의 3분의 2는 135.33333······."

무조건 숫자 반올림을 하며 억지를 부린 것이지요.

이때 서울대학교 교수들이 등장해 반올림하는 것이 맞다고 주장합니다.

"대통령님 말씀이 맞습니다."
"거 봐, 맞다잖아!"

물론 이 학자들은 이승만 편을 들기 위해 매수된 사람들입니다. 어쨌든 이승만과 측근들은 헌법 수정안이 통과되었다고 발표합니다. 유명한 '사사오입' 사건입니다. 이승만은 원하는 대로 대통령이 되었지만 국민들은 크게 실망합니다. 6년 뒤 이승만은 또 한 번 국민을 분노케 합니다. 이번에도 시작은 투표였습니다.

소년 김주열과 4·19 혁명

1960년 4월 11일, 마산 앞바다에 십 대 소년의 시신이 떠오릅니다. 시신을 건져 올린 사람들은 소년의 참혹한 모습에 할 말을 잊었습니다. 소년의 오른쪽 눈에는 콜라병 크기의 최루탄이 박혀 있었습니다. 최루탄 겉면에는 '사람들을 향해 쏘지 마세요.'라는 글자가 적혀 있었지요. 이 소년은 27일 동안 행방불명되었던 마산상고 1학년 김주열 학생이었습니다. 27일 전인 3월 15일 그는 거리 시위에 참가하고 있었습니다. 부정 선거에 반대하는 시위였습니다.

3월 15일은 대통령, 부통령 선거가 치러진 날이었습니다. 부통령 자리는 요즘은 없어졌지만 당시에는 대통령 다음가는 고위 공무원이었습니다. 대통령 후보로 출마한 이승만은 승리를 확신하고 있었습니다. 경쟁 후보가 선거 직전 갑자기 사망하는 바람에 단독 후보가 되었거든요. 문제는 부통령이었습니다. 같은 정당 소속이던 부통령 후보 이기붕은 인기가 좋지 않았습니다.

"수단과 방법을 가리지 말고 이기붕을 당선시켜라."

선거 직전, 이승만은 이런 은밀한 지시를 내립니다.

상상할 수 있는 비열한 방법이 죄다 동원됩니다. 다른 후보에게 표를 줄 것 같은 시민을 협박해 투표소 출입을 막습니다. 미리 만들어 둔 투표함을 진짜 투표함과 바꿔치기합니다. 득표수도 조작합니다. 그 결과, 이승만과 이기붕은 압도적 표 차이로 당선이 됩니다. 하지만 국민들은 바보가 아닙니다. 한 군데도 아니고 전국 투표장에서 일어난 부정 선거를 국민들이 모를 리 없습니다. 게다가 사사오입 사건으로 이미 국민들은 이승만에 대한 불만과 불신이 가득했습니다.

이에 전국적으로 시위가 시작됩니다. 이승만은 경찰을 시켜 시위대를 진압하라고 명령합니다. 그 시위대 속에는 열여덟 살 된 김주열 소년이 있었습니다.

김주열 소년도 함께했던 이 시위는 처음에는 부정 선거를 반대하는 뜻으로 시작되었습니다. 이때 부산의 한 신문사가 김주열 소년의 시신 사진과 함께 기사를 보도하면서 상황은 급변합니다. 국민들은 소년의 처참한 죽음에 분통을 터뜨립니다. 이제 시위대의 구호는 "부정 선거 반대!"에서 "이승만 물러가라!"로 바뀝니다. 당황한 정부는 경찰에 불량배까지 동원해 시위대를 막지만 성난 민심을 당할 수는 없었습니다.

4월 26일 오전 10시 30분, 이승만은 대통령직에서 물러나겠다고 발표합니다. 그리고 달아나듯 아내와 함께 하와이로 떠납니다. 이후 이승만은 죽을 때까지 한국에 돌아오지 못합니다. 부정 선거를 시작으로 초대 대통령에서 물러나게 된 사건, 이것이 4·19 혁명입니다.

국민들은 뼈저리게 깨닫습니다. 한 사람에게 권력을 길게 줘서는 안 된다는 사실을. 국회는 대통령제를 의원 내각제로 바꿉니다. 대통령제처럼 한 사람에게 많은 권력을 쥐여 주면 독재가 일어날 수 있다는 교훈을 얻었거든요. 하지만 불행하게도 의원 내각제는 얼마 못 가

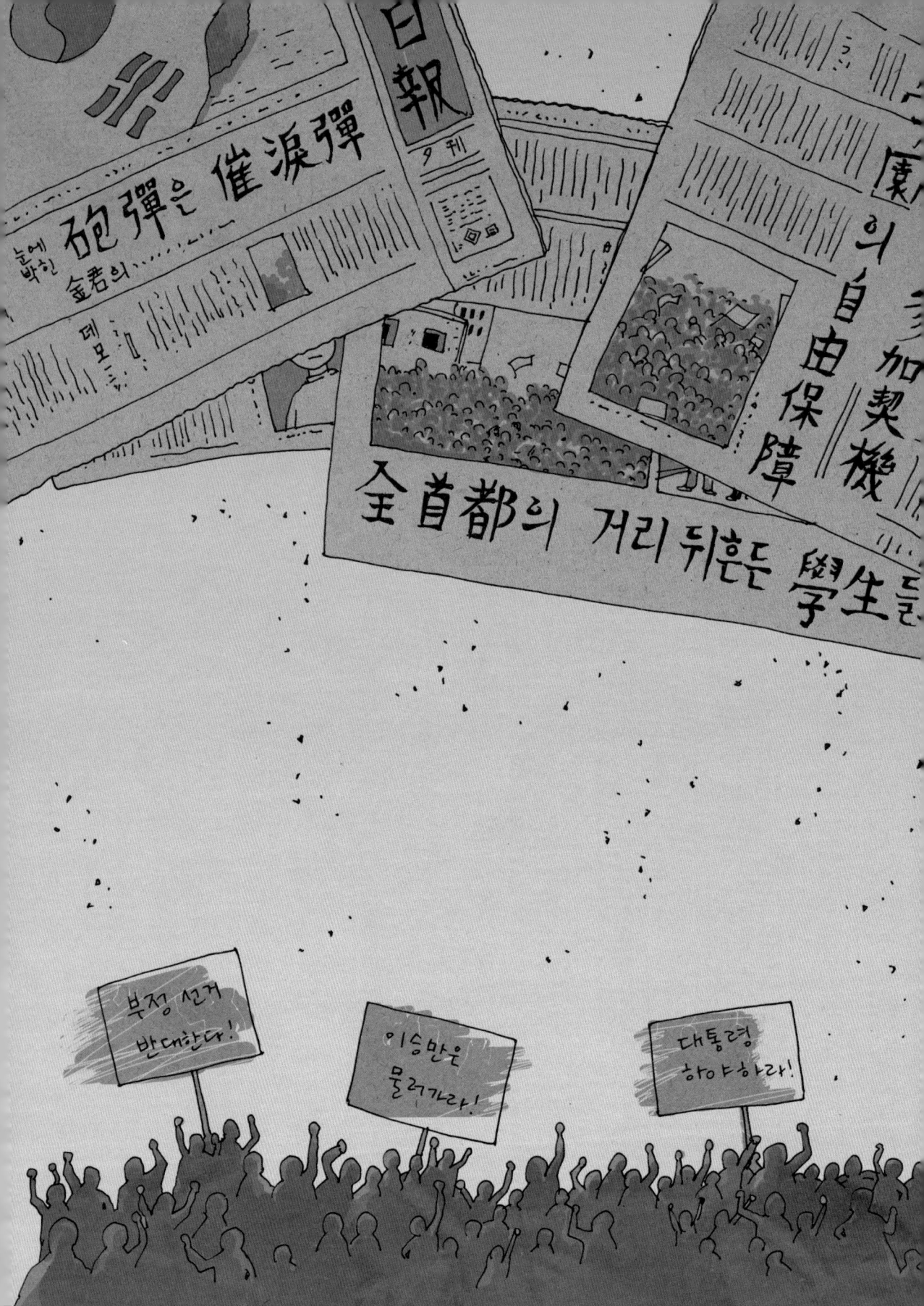

허물어집니다. 이승만을 넘어서는 독재자가 나타났기 때문입니다.

체육관 투표

1972년 12월 23일, 서울 장충체육관에서 대통령 선거가 실시됩니다. 대통령 선거인데 후보자가 한 명뿐입니다. 또 국민 전부가 아닌 대의원 2359명만 투표를 합니다. 이날 단독 후보로 출마한 사람은 대통령에 네 번째로 도전하는 박정희입니다.

박정희는 군인 출신입니다. 1961년 5월 16일 박정희는 3500명의 군인을 이끌고 쿠데타를 일으켰습니다. 그리고 국가 재건 최고 회의라는 의결 기관을 만들어 스스로 의장직에 오릅니다. 실질적인 대한민국 권력자였지요. 다음 해인 1962년 박정희는 4·19 혁명으로 바꾼 의원 내각제를 다시 대통령제로 돌려놓습니다. 그리고 1963년, 그 자신이 5대 대통령으로 당선됩니다. 무력으로 정권을 잡긴 했지만 박정희는 당시에 국민 투표로 당선된 대통령이었습니다. 그만큼 국민들이 기대했고 인기가 나쁘지 않았다는 것입니다. 당시 한국은 세계에서 가장 빈곤한 국가 중 하나였습니다. 부정부패는 극심했고 정치도 실망스러웠습니다. 국민들은 쿠데타든 뭐든 박정희에게 한 가닥 기대를 겁니다. 군인 특유의 강력한 지도력으로 혼탁한 질서를 바로잡고 부정부패를 청소하고 경제를 발전시켜 줄 거라고 믿었던 것입니다.

헌법대로라면 박정희는 한 번만 대통령을 할 수 있었습니다. 하지만 그는 헌법을 뜯어고쳐 2번까지 할 수 있도록 바꿉니다. 그래서 1967년 박정희는 국민 투표를 통해 또 한 번 대통령이 됩니다. 그쯤에서 임기를 마치고 물러났다면 그는 썩 괜찮은 대통령으로 기억되었을 겁니다. 최소한 지금보다는 좋은 평가를 받았을 거예요. 쿠데타로 정권을 잡고 언론과 국민의 자유를 탄압한 그의 정치는 논란이 되었지만 국민들은 경제 발전을 이룬 박정희에게 높은 점수를 주고 있었거든요. 하지만 박정희는 이승만이 저질렀던 실수를 따라 합니다. 세 번까지 하겠다며 또다시 헌법을 바꾸죠. 계속되는 말 바꾸기에 국민들의 반응도 점점 싸늘해집니다. 그의 장기 집권에 국민들이 슬슬 싫증을 느끼고 있었거든요. 다음 국민 투표에서는 당선을 장담할 수 없을 정도였어요. 박정희도 이를 눈치챕니다.

"그래, 간접 선거로 바꾸자."

간접 선거는 투표를 두 번 합니다. 먼저 국민들이 투표로 대의원을 뽑습니다. 그리고 이 대의원들이 투표로 대통령을 뽑는 것입니다. 문제는 대의원들입니다. 박정희는 자신에게 반대하는 사람은 대의원 후보로 나설 수 없게 만들었습니다. 그러고 나니 대의원에 누가 뽑히든 자신에게 표를 던질 사람들만 추려졌습니다. 그런데 이것으로도 모자랐는지 자신 말고 다른 사람은 대통령 후보에 나갈 수 없게 만듭니다. 지려야 질 수 없는 선거였습니다. 서슬 퍼런 군사 정권 시절이기에 가능했던 일입니다.

　투표 결과, 2359명 중 2357명이 찬성표를 던져 박정희는 다시금 8대 대통령으로 당선됩니다. 나머지 두 표도 반대가 아닌 무효표였습니다. 100퍼센트 찬성이 나온대도 전혀 이상할 게 없었습니다. 대통령 취임식도 역시 장충체육관에서 진행되었습니다. 6년 뒤인 1978년 박정희는 다시 체육관 투표로 9대 대통령이 됩니다. 이쯤에서 그는 사실상 종신 대통령이었습니다. 체육관 투표가 존재하는 한 그가 대통령 선거에서 실패할 일은 영원히 일어나지 않을 것처럼 보였지요.

대통령은 우리 손으로 뽑을 거야

1979년 10월 26일, 박정희 대통령은 부하가 쏜 총에 맞아 숨을 거둡니다. 그 사람이 독재자이든, 무능한 사람이든, 최고 권력자의 갑작스런 죽음은 사회에 큰 혼란을 가져옵니다. 더구나 그 죽음이 피살 때문이라면 그 충격은 더욱 큽니다. '옳거니!' 하며 혼란을 틈타 권력을 잡으려는 인물이 나오곤 하니까요. 1961년, 군인인 박정희가 쿠데타를 일으킨 것도 이승만의 갑작스런 퇴임 후 발생한 사회 혼란이 원인이었어요. 아니나 다를까, 1979년 12월 12일, 또 한 명의 군인이 쿠데

타로 정권을 잡습니다. 국군 보안 사령부(보안사) 사령관이었던 전두환이었습니다. 그는 다음 해인 1980년 대통령 선거에 출마하는데 역시 장충체육관에서 치러진 간접 선거였습니다. 선거인단 2540명 중 2524명이 찬성하여 99.4퍼센트라는 엄청난 득표율로 11대 대통령에 당선됩니다. 다음 해인 1981년 전두환은 다시 간접 선거로 90.2퍼센트라는 높은 득표율로 12대 대통령에 당선됩니다. 당시 절대 권력을 휘두르던 전두환이 선거에서 떨어질 거라 예상한 사람은 아무도 없었습니다. 여전히 선거는 형식일 뿐이었지요.

흥미로운 점은 국민이 다시 부활시킨 직접 투표에서 노태우가 대통령으로 당선되었다는 사실이에요. 쿠데타의 주역인 두 군인이 나란히 11대와 12대, 13대 대통령 자리를 이어 간 것이지요.

그러나 1996년 8월 26일, 전직 대통령 두 명이 죄수복을 입고 나란히 법정에 서는 사상 초유의 사건이 벌어집니다. 법원은 과거 쿠데타를 일으켰던 죄를 물어 전두환과 노태우에게 각각 사형과 무기 징역을 선고합니다.

해방 후 70여 년이 흘렀습니다. 그동안 우리 국민은 열한 명의 대통령을 경험했으며, 스무 번의 국회 의원 선거를 치렀습니다. 하지만 그 과정은 결코 순탄하지 않았어요.

열한 명의 대통령 중 두 명은 불미스러운 일로 한국을 떠나거나 피살되었으며, 두 명은 재판을 받고 감옥에 갔습니다. 또 투표와 관련해 일어난 커다란 시민 혁명을 두 차례나 겪었고요.

이런 정신없는 시간을 겪으면서 우리는 값진 교훈을 하나 얻었습니다. 투표가 없는 민주주의는 상상할 수 없지만, 투표만으로 민주주의가 완성되지도 않는다는 사실입니다. 왜냐하면 독재를 한 대통령도, 부패하고 탐욕스러운 정치인들도 알고 보면 우리 손으로 뽑은 사람들이거든요.

물론 우리나라만의 문제는 아닙니다. 많은 사람들이 투표라는 제도가 지닌 한계와 문제점을 깨닫고 그 대안을 고민하기 시작했습니다. 100년 전까지는 투표권을 얻는 것이 인류의 과제였다면, 21세기부터는 투표의 허점을 메꾸는 것이 우리들의 숙제로 주어졌지요.

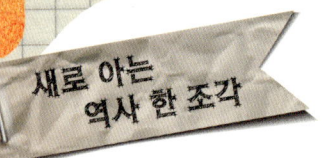

우리나라에 총리가 있는 이유

한국과 미국에는 대통령이, 일본과 영국에는 총리가 있습니다. 모두 그 나라를 대표하는 지도자들입니다. 그중 총리는 의원 내각제가 있는 국가의 지도자를 뜻합니다. 다른 말로 '수상'이라고 부릅니다. 그런데 대통령제를 따르는 한국에도 총리가 있습니다. 바로 국무총리입니다. 의원 내각제도 아닌 나라에 왜 총리가 있을까요? 이상한 점은 또 있습니다.

의원 내각제라는 단어를 뜯어보면 '의원＋내각'입니다. 의원은 물론 국회 의원이고, 내각은 장관입니다. 국방부 장관, 법무부 장관 같은 장관들 말이죠. 즉, 의원 내각제에서는 의원이 동시에 장관을 할 수가 있습니다. 반면, 대통령제에서는 의원이 장관 자리까지 동시에 앉을 수는 없습니다. 그런데 한국에서는 국회 의원이 장관이 될 수 있습니다.

여기에는 이유가 있습니다. 1948년, 처음 헌법을 만들 때 학자들은 일본 헌법을 펼쳐 놓고 많이 참고했습니다. 헌법을 만든 경험이 없었으니까요. 그 영향으로 오늘날까지 우리 법에는 일본식 단어와 일본의 잔재가 많이 남아 있습니다. 그런데 일본은 의원 내각제 국가입니다. 우리 헌법도 자연스럽게 의원 내각제를 목표로 하게 되었죠. 이 소식을 들은 이승만은 기분이 좋지 않았습니다. 그는 한국의 초대 대통령을 꿈꾸고 있었으니까요. 그가 활동했던 미국이 대통령제 국가였거든요. 이승만은 협상에 들어갑니다.

"의원 내각제든 뭐든, 난 대통령을 하고 말 거야."

그래서 기묘한 정부가 만들어집니다. 의원 내각제와 대통령제를 섞어 버린 것입니다. 그 결과, 대통령과 총리가 동시에 존재하게 되었습니다. 이름만 총리이지 영국과 일본처럼 국가 원수도 아니고 위치도 대통령 아래입니다. 총리의 권한을 대통령에게 몰아주었기 때문이에요.

또한 오늘날 국회 의원이 장관이 될 수 있는 것도 의원 내각제의 흔적이 헌법에 남아 있기 때문입니다. 한국뿐만 아니라 프랑스에도 대통령과 총리가 동시에 존재합니다.

다수결은 항상 옳을까?

산에서 내려오다 길을 찾지 못할 때 가장 좋은 방법은 많은 사람들이 가는 방향으로 따라가는 것입니다. 또 맛있는 식당을 고를 때는 되도록 잔뜩 붐비는 곳으로 들어갑니다. 이렇듯 우리는 어떤 결정을 할 때 다수의 선택에 의지해 슬쩍 묻어가곤 합니다.

'많은 사람들이 선택하는 데는 그만한 이유가 있는 거야, 암.'

무의식적으로 다수의 선택이 옳다고 믿는 것이죠. 심지어 나는 그렇게 생각하지 않더라도 다수가 내 생각과 다르다면 '내 생각이 틀렸나?' 하고 자신감을 잃고 흔들리기도 합니다.

텔레비전 다큐멘터리 프로그램에서 이와 비슷한 실험을 한 적이 있었습니다. 성인 네 명을 한자리에 앉혀 놓고 아주 쉬운 질문을 던집니다. '바나나 껍질은 무슨 색일까요?'처럼 어린이도 맞힐 수 있는 문제입니다. 그런데 주인공을 제외한 나머지 셋이 일부러 틀린 답을 말합니다. 이것이 몰래카메라 상황인 줄 모르는 주인공은 그럴 리가 없다고 생각하면서도 마음이 살짝 흔들립니다. 이어지는 질문에도 사람들이 연거푸 틀린 답을 말하자 결국 주인공은 자신감을 완전히 잃고 다른 사람들을 따라 틀린 답을 말하게 됩니다.

투표도 다수의 선택을 따르는 방법입니다. 정치인 선거를 할 때 표가 가장 많이 나온 후보를 우리는 대표자로 인정합니다. 정책을 국민에게 묻는 국민 투표에서도 찬성과 반대 중 다수가 선택한 쪽을 결과로 받아들입니다. 실제로 다수의 선택을 따르면 실패할 위험이 줄어들긴 해요. 하지만 확률이 높을 뿐, 늘 그런 것은 아닙니다. 몇 가지 커다란 역사적 사건이 이를 보여 줍니다.

2500여 년 전, 아테네 철학자 소크라테스는 젊은이들을 선동했다는 이유로 체포됩니다. 아테네 인들은 투표로 소크라테스의 처분을 결정했어요. 501명이 투표했고 과반수가 넘는 280명이 사형에 찬성했습니다. 사실 소크라테스는 사람들을 선동한 적이 없어요. 단지 젊은이들에게 자신의 철학을 가르쳤을 뿐입니다. 하지만 소크라테스는 미나리 독즙을 마시고 죽음을 맞습니다.

2000여 년 전, 예수는 체포되어 사람들 앞에 섭니다. 옆에는 역시 체포된 '바라바'라는 유대 인 반란군 지도자가 서 있습니다. 로마 총독 빌라도는 유대 인들에게 이 둘 중 한 명을 용서해 살려 줄 테니 선택하라고 합니다. 유대교 제사장들은 군중을 선동해 바라바를 선택하고 예수를 죽이라고 소리치게 합니다. 당시 유대 인 제사장들은 예수가 그들의 종교인 유대교를 어지럽힌다고 생각해서 몹시 미워했거든요. 하지만 예수는 유대교를 어지럽힌 적이 없습니다. 가난하고 병든 약한 사람들을 차별하는 유대교를 꾸짖었을 뿐입니다. 하지만 유대 인들의 선택에 따라 예수는 몇 시간 뒤 십자가에 못 박혀 처형됩니다.

500여 년 전, 폴란드 천문학자 니콜라우스 코페르니쿠스는 지구가 태양 주변을 돈다는 지동설을 주장합니다. 그러자 사람들은 코페르니쿠스에게 손가락질합니다. 태양이 지구의 둘레를 돈다는 천동설이 1000년 넘게 사실로 여겨지고 있었으니까요. 천동설은 다수 의견이지만 지동설은 소수의 주장이었습니다. 300여 년이 지난 뒤에야 로마 교황청은 자신들이 틀렸음을 인정합니다.

　이러한 역사적 경험에도 불구하고 우리는 여전히 다수결을 즐겨 사용합니다. 그것만큼 빠르고 간편한 방법이 없으니까요. 친구들과 어떤 일로 의견이 대립하면 "야, 싸우지 말고 다수결로 해."라고 말합니다. 토론이나 논쟁은 시간이 걸립니다. 그렇다고 상대편을 설득시킬 수 있다는 보장도 없습니다. 괜히 "내가 옳다!", "네가 그르다!" 옥신각신하다가 싸움이라도 나면 친구들끼리 얼굴을 붉힐 수도 있습니다. 그래서 다수결을 가장 민주주의적인 방법이라고 말하는 사람도 있습니다. 그러나 이것은 사실이 아닙니다.

　고대 아테네와 로마 공화정 시대 사람들도 다수결을 이용한 투표를 했습니다. 그러나 번번이 투표로 결정한 것은 아닙니다. 그들은 토론부터 시작했습니다. 간혹 감정싸움으로 번지고 비아냥거리는 말이 오갈 때도 있었으나 토론을 중단하지는 않았습니다. 상대편을 납득시킬 때도 있었고 자신이 납득당할 때도 있었습니다. 투표는 최후까지 남겨 두었습니다. 끝내 합의점을 못 찾으면 표결에 들어갔던 것입니다. 다수결은 우리가 생각하는 것만큼 가장 민주주의적인 방법도 아니고, 가장 많은 사람들을 만족시키지도 않습니다.

민주주의 의사 결정에서 가장 좋은 방법은 토론입니다.
다수결은 그 뒤에 해도 늦지 않습니다.

실망스러운 정치인

미국은 세계에서 의료비가 가장 비싼 국가입니다. 이에 누렇게 낀 치석을 제거하는 스케일링을 한국에서는 1년에 한 번 1만 5000원 정도에 치과에서 받을 수 있습니다. 그런데 미국에서는 그 8배인 12만 원을 넘게 주어야 스케일링을 할 수 있지요. 통계에 따르면 미국인 한 명이 병원비와 약값으로 1년에 약 840만 원을 지출합니다. 한국인은 1년에 약 180만 원, 영국과 일본은 360만 원 정도를 씁니다. 미국의 의료비가 이렇게 비싼 이유는 보험 때문입니다.

부모님과 함께 병원에 가 본 적이 있을 거예요. 치료비를 계산할 때 산정된 진료비보다 훨씬 적은 금액만 냅니다. 처방전을 들고 약국에서 약을 살 때도 마찬가지입니다. 평소에 건강보험료를 내고 아플 때 국가로부터 병원비와 약값을 도움받기 때문입니다. 그런데 미국은 우리와 다르게 국가가 아닌 민간 보험 회사에 가입해야 합니다. 국가는 손해를 약간 보더라도 국민의 건강과 복지에 세금을 씁니다. 반면, 민간 회사는 복지가 아니라 돈을 버는 것이 목적인 곳입니다. 그래서 민간 보험료는 매우 비쌉니다. 가난한 사람은 가입하기 어렵지요. 살림이 넉넉하지 않은 이민자나 빈곤층은 아파도 병원에 갈 엄두를 못 냅니다. 값싼 해열제나 진통제를 먹어 가며 고통을 견딜 뿐입니다. 해마다 4만 5000여 명의 미국인이 보험이 없어 목숨을 잃습니다. 2012년, 보다 못한 버락 오바마 대통령은 국가가 가난한 사람에게 의료비를 지원하는 정책을 발표합니다. 보험이 없어서 진료를 못 받는 국민을 나랏돈으로 지원하겠다는 것이죠. 이때 텍사스 주지사 릭 페리가 "싫어!" 하며 그 정책에 반대하고 나섭니다.

이상한 일입니다. 텍사스는 미국 50개 주 중에서도 정부의 의료 지원이 가장 절실한 주입니다. 5명 중 1명이 의료 보험이 없는 실정입니다. 돈을 보태 주겠다는 정부에 넙죽 절을 해도 모자랄 판인데 왜 반대할까요? 여러 이유 가운데 하나가 보험 회사 때문입니다. 민간 보험 회사가 이 정책을 듣고 펄쩍 뛰었거든요.

보험 회사들은 주지사를 설득합니다. 정부가 의료비 지원을 해 주

면 자신들의 보험, 즉 민간 보험에 가입하려는 사람이 줄어들 게 뻔합니다. 그럼 회사의 수익도 덩달아 줄어들겠죠. 보험 회사들은 주지사뿐 아니라 상원 의원들에게도 막대한 돈을 써서 이 정책을 막아 달라고 설득합니다. 몇 년 전 주지사 투표에서 페리를 선택했던 텍사스 주민들은 크게 실망합니다.

한 국가의 지도자가 세계를 파멸과 재앙으로 몰아넣은 경우도 있습니다. 1934년, 독일인들은 국민 투표로 아돌프 히틀러를 국가 원수로 선택합니다. 당시 독일은 제1차 세계 대전 패전국이었습니다. 패배자라는 우울함과 경제 불안과 사회 혼란으로 독일인들은 힘겨운 시간을 보내고 있었어요. 돈의 가치가 너무 떨어져서 수레에 가득 지폐를 싣고 가야 빵 한 조각을 겨우 살 수 있을 정도였습니다. 독일인들은 히틀러가 이런 문제를 해결해 줄 거라 기대하고 그를 뽑았습니다. 하지만 히틀러는 제2차 세계 대전을 일으켜 수많은 사람들을 죽음에 몰아넣고 전쟁에서도 패배했습니다. 그 자신도 자살로 생을 마감하게 되죠.

페리와 히틀러의 이야기는 무엇을 뜻할까요? 투표할 때 사람을 잘 선택해야 한다는 의미일까요? 그것도 맞는 말입니다. 하지만 후보자의 친구나 가족이 아닌 보통 사람들이 그가 어떤 인물인지 무슨 수로 알겠어요? 선거 포스터에 적힌 몇 가지 정보, 졸업한 학교, 몸담았던 단체 등이 고작인데 말이에요. 게다가 후보자들은 하나같이 자신이 가장 정직하고 성실한 사람이라고 주장합니다. 하지만 당선된 뒤에는 언제 그랬냐는 듯 태도를 바꾸는 정치인이 많습니다. 정직하다면서 뇌물을 받고, 성실하다면서 국회에서 낮잠을 자는 정치인이 심심치 않게 뉴스에 등장하지요.

사람들은 이것이 간접 민주주의의 결정적인 단점이라고 지적합니다. 모두가 정치에 참여할 수 없기 때문에 국민들은 투표로 자신들의 대표를 뽑습니다. 다른 말로 '대의 정치'라고도 합니다. 대의 정치가 성공하려면 당선된 대표자가 자신을 뽑아 준 유권자의 뜻을 잘 반영해야 합니다. 하지만 이것은 무척 어려운 일입니다. 이승만을 초대 대통령으로 뽑은 초대 국회 의원들 중에 그가 독재자가 될 거라 예상한 사람은 없었습니다. 같은 정치인도 이럴진대, 국민들이 선거 포스터나 방송 연설만 보고 좋은 후보자를 고르기는 쉽지 않습니다. 더욱 안타까운 것은 정치인들이 실망스러워도 투표가 끝나면 국민들이 할 수 있는 일이 별로 없다는 점입니다. 이런 문제점을 보완하기 위해 선거 뒤에도 국민들이 정치인을 감시하고 견제할 수 있는 제도가 등장합니다. 대표적인 것이 '국민 소환제', '주민 소환제'입니다.

하남시 시장 투표

2007년 12월 12일, 기묘한 투표가 경기도 하남시에서 시작됩니다. 투표 대상은 하남 시장입니다. 시장 선거냐고요? 아닙니다. 시장을 물러나게 하느냐 마느냐를 하남 시민이 결정하는 투표입니다.

일찌감치 주민 소환 제도를 도입한 나라들도 있습니다. 미국은 1903년, 일본은 1947년에 시작했습니다. 2003년, 미국 캘리포니아 주지사는 엉성한 정책을 남발하다가 화가 난 주민들에게 쫓겨났습니다. 일본은 1947년부터 1995년까지 85명의 단체장이 자리를 잃었습니다. 우리나라는 2007년 처음으로 주민 소환 제도가 법으로 인정되었어요. 그 첫 사례가 바로 2007년 하남시 주민 소환입니다. 그럼 하남시 투표는 어떻게 되었을까요?

하남시 시장으로서는 다행스럽게도 자리를 지킬 수 있었습니다. 시장을 해임하려면 먼저 투표율이 33퍼센트 이상 되어야 합니다. 하남시 유권자 3명 중 1명 이상은 투표를 해야 하죠. 찬성과 반대는 그다음 문제입니다. 그런데 투표율이 약 31퍼센트에 그치고 말았습니다. 투표함을 열어 볼 필요도 없었지요. 하남시 시장은 위기를 넘겼지만 3명의 시 의원 중 2명은 해임되었습니다. 투표율이 33퍼센트를 넘어섰을 뿐만 아니라 찬성표가 과반수를 넘었거든요.

하남시를 신호탄으로 전국적으로 활발하게 주민 소환이 이루어지고 있습니다. 2009년에는 제주 도지사를, 2011년에는 과천 시장을 상대로 주민 투표가 치러졌습니다. 최근에는 경상남도 주민들이 경남 도지사를 상대로 주민 소환 투표를 추진 중입니다. 하지만 몇몇 사람과 특정 단체가 원한다고 바로 주민 소환 투표로 이어지지는 않습니다. 공직자를 감시하는 의도야 좋지만 아무 때나 투표가 이루어지다 보면 공직자가 제대로 일할 수 없으니까요. 주민 소환을 시행하려면 시장이나 도지사의 경우 주민의 10퍼센트, 구청장의 경우 주민의 15퍼센트, 지방 의원의 경우 주민의 20퍼센트가 그 소환에 찬성한다는 서명이 필요합니다.

국민 투표와 국민 발안

간접 민주주의의 단점을 보완하는 또 다른 제도로 국민 투표와 국민 발안이 있습니다. 앞에서 살펴본 스코틀랜드와 그리스 이야기를 기억하나요? 국민 투표는 나라의 아주 중요한 정책을 결정할 때 투표를 통해 국민이 찬성하는지 반대하는지를 묻는 제도입니다. 우리나라에서는 2005년 7월 27일 제주도에서 행정 개편을 할 때 처음 실시되었습니다. 두 달 뒤인 9월 29일에는 청주시와 청원군이 통합할 때, 역시 두 달 뒤인 11월에는 원자력 발전소 핵폐기물 처분장 건설을 두고 경주시와 군산시에서 주민 투표가 실시되었습니다.

한편, 국민 발안은 국민이 새로운 법을 제안하는 제도입니다. 지금까지 대부분의 법은 국회 의원이 제안해 국회에서 투표로 찬성과 반대를 결정했습니다. 그래서 국회를 '입법부'라고 부르죠. 더불어 대통령도 새로운 법을 제안할 수 있습니다. 그런데 이것만으로는 충분하지 않습니다. 어른들이 청소년의 세계를 모두 알 수 없듯, 정치인들은 국민들이 원하는 법이 무엇인지 종종 놓치기 마련입니다. 국민 발안은 국민이 직접 어떤 법을 만들어 달라고 요구하는 제도입니다. 그러나 안타깝게도 우리나라에는 아직 이 제도가 없습니다.

국민 소환, 국민 투표, 국민 발안은 직접 민주주의 요소들입니다. 투표 하나에 의지하는 현재의 간접 민주주의만으로는 국민의 뜻을 제대로 반영하는 데 한계가 있기 때문입니다. 하지만 제도 서너 개를 추가한다고 모든 단점이 사라지는 것은 아닙니다. 오늘날 사람들은 직접 정당에 가입해서 당원이 되고, 정치인을 후원하고, 시민 단체에 가입해서 쉴 새 없이 정치에 참여하고 정치인을 압박합니다. 그래도 완벽한 민주주의는 끝내 불가능할지 모릅니다. 완벽한 사람이 없는데 완벽한 제도가 있을 리 없으니까요. 케임브리지 대학교 존 던 교수는 민주주의를 이렇게 말했습니다.

"민주주의, 가질 수 없으나 원하지 않을 수도 없는 것."

직접 민주주의는 대안이 될 수 있을까?

스위스 알프스 산자락에 글라루스라는 주가 있습니다. 말이 주이지 한국의 읍내 정도 되는 인구 3만 명의 작은 마을입니다. 또한 지구 상에서 직접 민주주의가 이루어지고 있는 단 한 곳이기도 합니다. 글라루스 주민들은 1년에 한 번 열리는 주민 총회에 참여하러 광장에 모입니다. 잠시 후 주민 중 한 명이 나와서 자기가 만든 법안을 설명합니다. 글라루스 주의 주민들은 국회 의원처럼 누구나 법안을 만들 수 있어요. 설명이 끝나면 광장에 모인 사람들이 손을 들어 투표로 결정합니다. 또한 정치인이 이미 만든 법도 광장에 모인 사람들의 투표로 없앨 수 있습니다. 놀랍게도 이 광장 민주주의의 역사는 780년이 넘습니다. 고려가 몽골 족의 침입을 받고 서양에서 십자군 전쟁이 일어났을 때도 이 지역 주민들은 직접 민주주의를 하고 있었던 것이죠.

 최근 직접 민주주의에 대한 관심이 높아지고 있습니다. 실제로 직접 민주주의를 실험해 보는 곳도 늘고 있어요. 에스파냐 남부에 있는 훈(Jun) 마을은 주민들이 트위터 계정을 통해 거리 청소 요청부터 시 의회 질의응답까지 서로 소통하고 있어요. 그래서 이곳을 '트위터 마을'이라고 부르기도 합니다. 아이슬란드는 2010년 헌법을 개정할 때 추첨으로 선발한 시민들을 모아서 개정안을 심사하도록 했어요. 그 과정도 인터넷을 통해 국민에게 전달했고, 의견을 받을 때는 소셜 네트워크 서비스(SNS)를 이용했어요. 그리고 마지막 단계로 국민 투표를 통해 헌법을 개정할지 말지를 결정했고요.

 그러나 이런 시도들이 간접 민주주의를 포기하고 과거 아테네식 직

접 민주주의로 돌아가겠다는 것을 의미하지는 않습니다. 투표 말고는 별다른 정치 참여 수단이 없는 간접 민주주의의 단점을 직접 민주주의의 요소를 넣어서 보완하려는 시도입니다. 왜냐하면 직접 민주주의는 글라루스 주처럼 작고 인구가 많지 않은 곳에서나 가능한 제도인데 대부분 지역의 여건은 그렇지가 않거든요. 아직까지는 그 어떤 것도 투표를 대신하지 못합니다. 모든 사람을 만족시키지는 못해도 가장 많은 사람의 의견을 반영하는 수단이 투표이기 때문입니다.

 간접 민주주의의 단점을 지적하는 것도 좋고, 직접 민주주의의 장점을 섞는 시도도 좋습니다. 그러나 그 전에 우리가 과연 투표를 얼마나 중요하게 여기고 있는지부터 스스로에게 물어봐야 합니다. 왜냐하면 투표에 관심이 없는 시민들은 직접 민주주의를 할 여건이 된다고 해도 광장에 나갈 리 없기 때문입니다. 직접 민주주의든 간접 민주주의든 그 기본은 관심과 참여입니다. 제2차 세계 대전을 일으킨 독재자 히틀러는 이런 말을 남겼습니다.

 "사람들이 생각하기를 좋아하지 않는다는 것이 그들을 관리하는 정부에게는 얼마나 행운인가."

이름을 쓰는 일본의 투표

"저 기호 1번 아무개, 꼭 찍어 주십시오."

선거 기간이 되면 후보자들이 연설을 합니다. 거리에서뿐만 아니라 텔레비전에서도 연설을 하지요. 연설이 끝나 갈 즈음 후보자들은 종종 손가락을 들어 보입니다. 기호 1번은 손가락 1개, 기호 2번은 손가락 2개를 내보이는 식이지요. 투표할 때 자신의 이름은 잊어도 좋지만 몇 번인지는 꼭 기억해 달라는 뜻입니다. 그럴 만도 합니다. '박철수'보다는 숫자 '1'이 머리에 쏙 들어오니까요.

투표 날이 되면 투표소 입구에서 투표용지를 나눠 줍니다. 투표용지

한국과 일본의 투표 방법, 비교해 볼까요?

에는 후보자의 이름과 기호를 나타내는 숫자가 함께 적혀 있습니다. 유권자들은 투표용지를 들고 칸막이로 된 기표소로 들어갑니다. 기표소 테이블 위에는 볼펜 모양의 가느다란 막대기 끝에 인주가 발라진 도장이 준비되어 있어요. 유권자들은 이 도장을 자신이 지지하는 후보 칸에 꾹 찍으면 됩니다. 객관식 시험처럼 말이죠.

그런데 일본에서는 다릅니다. 후보자가 몇 번인지는 전혀 중요하지 않습니다. 투표용지에 후보자의 이름을 직접 써넣어야 하기 때문입니다. 그래서 일본 기표소에는 도장이 아니라 연필이 올려져 있습니다. 심이 무른 2B 연필이지요. 일본 투표는 주관식인 셈입니다.

오늘날 일본에서는 이런 방식을 바꾸자는 주장이 많습니다. 신성하고 귀중한 표들이 무효로 처리되면 너무 아까운 일이잖아요. 그렇지만 문제는 또 있습니다. 이름을 쓰는 방식은 선거의 원칙에 위배될 수 있습니다.

선거에는 4가지 원칙이 있습니다. 보통 선거, 직접 선거, 평등 선거, 비밀 선거입니다. 보통 선거란 부자든 가난하든 남자든 여자든 관계없이 투표를 할 권리가 있다는 것입니다. 직접 선거란 본인이 직접 투표를 하는 것입니다. 이를테면, 아빠가 몸이 아프다고 아들이 대신 투표를 할 수는 없는 것이지요. 평등 선거란 누구나 한 표씩만 행사할 수 있는 것을 말합니다. 잘생겼다고, 부자라고, 표를 두 장 행사한다면 차별이잖아요. 마지막으로, 비밀 선거는 내가 누구를 찍든 무엇을 선택하든 그 내용은 비밀이라는 뜻입니다. 그런 의미에서 본다면 학급 회의에서 손을 드는 거수 방식은 비밀 투표에 어긋납니다. 다른 사람이 내 선택을 금세 알아차리니까요.

일본의 투표 형식 역시 비밀 선거 원칙에 어긋납니다. 사람마다 지문이 같지 않듯 글씨체도 각각 다릅니다. 마음만 먹으면 글씨체를 조사해 유권자의 신분을 알아낼 수 있지요.

이런 반대에도 불구하고 일본 정부는 이름을 쓰는 방식을 바꾸려 하지 않습니다. 왜 그럴까요? 일본에는 이름난 정치인 집안이 많습니다. 할아버지부터 손자까지 대를 이어 정치인을 배출한 명문 가문이 즐비

합니다. 이름만 다를 뿐 성은 같기 때문에 국민들에게도 익숙합니다. 누구를 뽑을지 결정하지 못한 일본인들 중 상당수가 자신에게 가장 익숙한 이름을 쓰게 됩니다. 슈퍼마켓에서 우유를 고를 때, 광고를 여러 번 보아 기억에 남은 익숙한 제품에 자연스레 손이 가듯 말입니다. 이러니 자신들에게 유리한 투표 방식을 바꿀 이유가 없는 것입니다.

투표 안 하면 벌금이야

우리나라 역대 선거 중 최고 투표율을 기록한 것은 1948년에 실시된 제1대 국회 의원 총선거였습니다. 무려 95퍼센트가 넘었어요. 해방 뒤 처음으로 우리만의 정부를 가진다는 마음에 들떠서 다들 적극적으로 투표를 했기 때문이에요. 이후 투표율은 점점 떨어지고 있습니다. 요즘은 70퍼센트만 넘어도 투표율이 높다고 감탄할 정도입니다. 그런데 선거를 치를 때마다 95퍼센트가 넘는 투표율을 보이는 나라가 있습니다. 바로 오스트레일리아입니다.

OECD라는 것이 있습니다. 경제 협력 개발 기구라는 뜻의 국가 모임인데, 경제력이 뛰어난 34개국이 가입되어 있어서 일명 '선진국 클럽'이라고도 부릅니다. 오스트레일리아는 OECD 국가들 중에서 투표율만큼은 단연 1위입니다. 이토록 투표율이 높은 것은 투표가 의무이기 때문입니다. 어떻게 의무냐고요? 투표를 하지 않으면 벌금을 내야 합니다.

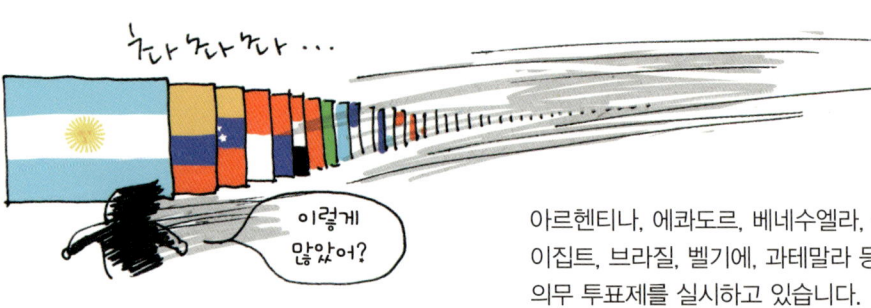

우리나라도 한때 의무 투표제를 실시하려고 한 적이 있었습니다. 1999년, 중앙 선거 관리 위원회는 투표하지 않은 유권자에게 벌금 5000원을 부과하는 제도를 도입하려고 했습니다. 번번이 떨어지는 투표율 때문이었습니다. 한국의 평균 투표율은 OECD 평균인 70퍼센트에도 미치지 못하는 56퍼센트입니다. 순위도 34개국 중 26위입니다. 중앙 선거 관리 위원회는 의무 투표제를 통해서라도 투표율을 끌어올리려고 했지만 국민들의 반응은 싸늘했습니다. 남이야 투표를 하든 말든, 국가가 이래라저래라 할 내용이 못 된다는 것이죠. 그래서 시도한 것이 인센티브 제도입니다.

인센티브가 뭘까요? 쉽게 말하면 칭찬입니다. 투표를 강제로 시키면 반발이 심하니, 뭔가 혜택을 주겠다는 것입니다. 그렇다고 돈을 직접 주기는 좀 그러니 물건을 싸게 살 수 있도록 해 줍니다. 이를테면 백화점 쇼핑이나 영화 관람권 같은 것들 말이죠. 한국 못지않게 낮은 투표율로 고심하던 일본은 1990년부터 일찌감치 투표 인센티브 제도를 도입했습니다. 투표 확인증을 가져가면 일본 상점에서 물건값을 할인해 줍니다. 어떤 온천에서는 절반까지 값을 깎아 주기도 하지요. 그래서 일본인들은 농담 삼아 이 제도를 '선거 세일'이라고 부릅니다. '바겐세일' 할 때 그 세일 말이에요. 투표 인센티브는 대단한 정도는 아니지만 일본의 투표율을 올리는 데 효과가 있었어요.

한국도 2008년 총선거에서 처음으로 인센티브 제도를 시도합니다.

투표한 사람에게 투표소에서 투표 확인증을 나눠 줍니다. 이 확인증을 들고 가면 박물관과 미술관, 유적지, 공영 주차장 등에서 요금 혜택을 받을 수 있습니다. 투표부터 하고 놀러 가라는 속뜻이 담겨 있는 것이죠. 하지만 이런 눈물겨운 노력에도 불구하고 효과는 거의 없었습니다. 설문 조사를 해 보니 응답자의 87퍼센트가 '효과 없음'이라고 대답했어요. 한 번의 시도를 끝으로 이 제도는 도입되지 않고 있습니다.

투표는 자발적 참여가 가장 중요합니다. 벌금이 무서우니까, 뭘 주니까 하는 투표는 올바른 민주 시민의 자세라고 말할 수 없습니다.

투표에서 이기고 선거에서 지다

2016년 미국 대통령 선거는 세계 선거 역사에서도 손꼽히는 사건이었습니다. 미국 대통령을 놓고 맞대결한 후보는 도널드 트럼프와 힐러리 클린턴이었습니다. 미국인들과 미국 언론은 힐러리 클린턴의 낙승을 예상했습니다. 경쟁 상대인 트럼프가 워낙 기괴한 인물이었기 때문입니다. 대통령 후보쯤 되면 극도로 말조심을 해야 하는데 그는 인종 차별, 여성 비하 발언을 내뱉는 데 서슴지 않았습니다.

결과는 도널드 트럼프가 당선이 됐습니다. 하지만 미국인들은 힐러리에게 더 많은 표를 던졌습니다. 더 많은 표를 얻고도, 선거에서 지다니? 이건 미국의 독특한 선거 제도 때문입니다.

미국은 대통령을 뽑을 때 선거를 두 번 합니다. 국민들은 투표로 선거인단을 뽑고, 여기서 뽑힌 선거인단이 2차 투표를 해서 대통령을 선출합니다. 더 많은 선거인단의 표를 얻은 후보가 최종적으로 미국의 대통령이 됩니다.

물론 미국의 간접 선거는 이보다는 좀 더 복잡합니다. 각 반의 반장은 한 명이지만, 미국의 주에 배정된 선거인단 숫자는 저마다 다릅니다. 인구가 다르기 때문이지요. 인구가 많을수록 더 많은 선거인단이 배정됩니다. 그래야 공평할 테니까요. 가령, 인구가 가장 많은 캘리포니아 주는 55명이고, 인구가 적은 몬태나, 와이오밍 주는 3명뿐입니다.

텍사스 주를 예로 들어 보겠습니다. 2000년, 대통령 선거에서 조지 부시와 엘 고어가 대통령 후보로 나왔습니다. 한국에서 선거를 할 때, 주민들은 같은 고향 출신에게 친근함을 느끼고 많은 표를 던집니다. 미국도 비슷합니다. 텍사스 주민들은 텍사스 출신인 부시에게 더 많은 표를 던졌습니다. 텍사스 주에는 33명의 선거인단이 배정되어 있습니다. 그러면 이 33명의 선거인단은 어떻게 될까요? 부시와 엘 고어를 선택한 주민 수에 따라서 나눌까요? 부시만큼은 아니지만, 엘 고어를 선택한 텍사스 사람들도 있으니까요.

그런데 그게 그렇지가 않습니다. 부시는 텍사스에 배정된 33인의 선거인단을 모두 가져갑니다. 미국 대통령 선거는 승자가 모두 꿀꺽 삼키는 승자 독식입니다. 한 표 차이로 이기든, 백 표 차이로 이기든,

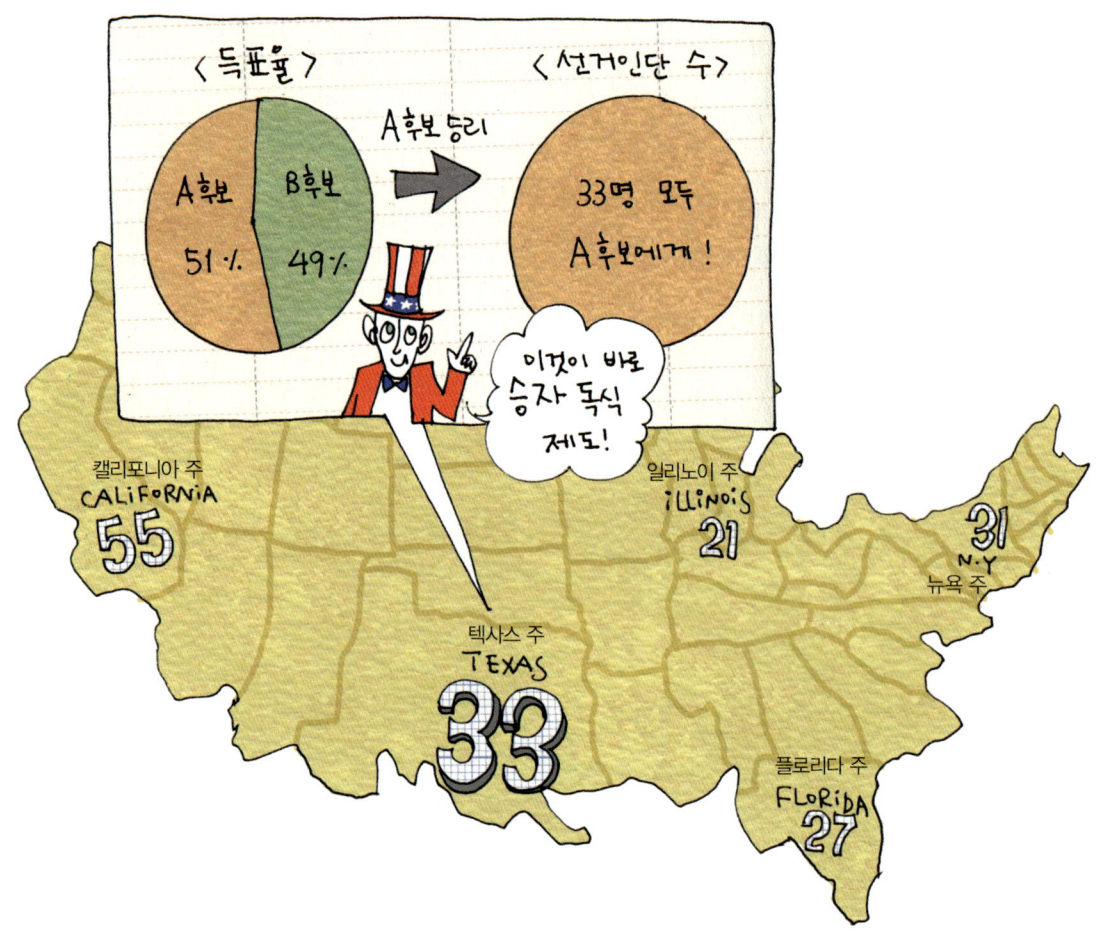

이긴 후보가 그 주에 배정된 모든 선거인단을 가져갑니다. 그리고 앞에 설명했듯, 이 선거인단이 모여서 2차 투표로 대통령을 뽑습니다. 따라서 선거인단을 많이 확보한 후보가 대통령 선거에서 유리합니다. 단, 예외도 있는데요, 메인 주와 네브래스카 주는 승자 독식을 따르지 않습니다. 그러니까 50개 주 중에서 48개 주가 승자 독식 방식을 따르고 있는 것입니다.

이 독특한 선거 방식 때문에, 힐러리는 트럼프보다 많은 표를 얻고도 대통령이 되지 못했습니다. 많은 미국인들은 이 선거 방식의 문제점을 지적합니다. 한국의 선거 제도처럼 더 많은 표를 얻은 사람이 당선자가 되는 것이 합리적이지 않느냐는 것이지요. 하지만 변화의 기미는 보이지 않습니다.

100퍼센트는 절대로 안 나와

정치 이야기만 하면 지루할지도 모르니 스포츠 이야기를 하나 하겠습니다.

미국에는 쿠퍼즈 타운이라는 조용한 마을이 있습니다. 이곳에는 야구팬이라면 모를 수가 없는 건물이 하나 있습니다. 내셔널 베이스볼 홀 오브 페임(National Baseball Hall of Fame), 야구 명예의 전당입니다. 명예의 전당은 모든 야구 선수들의 꿈입니다. 최고의 선수들만 이곳에 이름을 올릴 수 있거든요.

명예의 전당에 올라갈 선수는 해마다 기자들이 투표로 결정합니다. 은퇴한 메이저 리그 선수들을 대상으로 약 600명의 기자들이 투표를 하지요. 명예의 전당에 들어가려면 득표율이 75퍼센트 이상 되어야 합니다. 경기 성적도 출중해야 하지만 인성이 나쁘고 품행이 불량한 선수에게는 기자들이 표를 주지 않습니다. 예를 들어, 피트 로즈는 메이저 리그 신기록인 4000안타를 때렸지만 불법 도박 때문에 이름이

오르지 못했고, 마크 맥과이어나 새미 소사 같은 선수들은 금지 약물을 복용한 적이 있어 기자들에게 외면당합니다.

　재수, 삼수, 사수 도전 끝에 간신히 75퍼센트를 넘겨 아슬아슬하게 당선된 선수도 있습니다. 흥미로운 것은 76년 투표 역사에 500명이 넘는 당선자들 중 100퍼센트 득표율을 기록한 선수는 아무도 없다는

점입니다. 분명히 후보들 중에는 성적도 출중하고 은퇴 이후 봉사 활동을 꾸준히 해 인기가 높은 선수들이 많았습니다. 이를테면, 2009년 후보 중 한 명이었던 리키 헨더슨은 성적이 워낙 월등해서 기록을 반으로 쪼개도 명예의 전당에 들어간다고 할 정도였습니다. 100퍼센트 득표를 할 거라고 예상하는 사람도 많았어요. 하지만 그가 얻은 득표율은 94.7퍼센트였습니다. 현재 최고 득표율은 1992년 톰 시버라는 투수가 얻은 98.8퍼센트입니다.

"너희들 일부러 이러는 거지?"

이쯤 되자 기자들이 장난치는 것 아니냐는 의혹이 나옵니다. 야구의 신이 나타난대도 기자들은 100퍼센트 표를 주지 않을 것이라며 투덜거립니다. 기자들은 오해라고 어깨를 으쓱해 보입니다. 그저 자신들은 소신껏 투표를 할 뿐이라고 말이죠. 물론 이 말을 믿는 사람은 거의 없습니다. 만장일치로 표를 주면 명예의 전당 권위가 떨어질까 봐 그런 거라고 추측하는 사람도 있습니다. 진실이 무엇인지는 여전히 밝혀지지 않고 있습니다. 그래도 야구팬들은 다음 해가 되면 혹시나 하고 또 희망을 걸어 봅니다. 만장일치가 나오지 않을 거라는 것을 뻔히 알면서도 말이에요. 저도 희망을 걸어 봅니다. 메이저 리그에 한국 선수들도 뛰고 있습니다. 언제고 한국 최초로 명예의 전당에 오를 선수가 나오기를 기대합니다.

■ 참고 문헌

1. 서적
강준만, 《한국 현대사 산책 1, 2, 3권》, 2011, 인물과사상사
김은식, 《누가 민주주의를 훔쳐 갔을까?》, 2014, 이상한도서관
나종일, 송규범, 《영국의 역사》, 2005, 한울아카데미
남태현, 《왜 정치는 우리를 배신하는가》, 2014, 창비
리오 휴버먼, 《자본주의 역사 바로 알기》, 2008, 책벌레
마이클 버간, 《세상에 대하여 우리가 더 잘 알아야 할 교양 31, 투표와 선거》, 2014, 내인생의책
박지향, 《영국사, 보수와 개혁의 드라마》, 2007, 까치
스콧 위트머, 《세상에 대하여 우리가 더 잘 알아야 할 교양 28, 정치 제도》, 2013, 내인생의책
시오노 나나미, 《로마인 이야기 1, 2, 3, 4권》, 2014, 한길사
윤선자, 《이야기 프랑스사》, 2006, 청아출판사
전국역사교사모임, 《살아 있는 세계사 교과서 2》, 2015, 휴머니스트
제임스 렉서, 《민주주의란 무엇인가》, 2011, 행성B온다
제임스 말로니, 《세계사를 바꾼 헤드라인 100》, 2014, 행성B잎새
하승수, 《청소년을 위한 세계 인권사》, 2011, 두리미디어
한대희, 크리스티네 슐츠-라이스, 《청소년 정치 수첩》, 2008, 양철북

2. 발표 자료
제2회의(고선규)

3. 참고 동영상
KBS 〈역사저널 그날〉 18회
SBS 다큐멘터리 〈최후의 권력〉 5부

투표, 종이 한 장의 힘

2016년 9월 12일 1판 1쇄
2025년 1월 20일 1판 7쇄

글쓴이: 김성호 | 그린이: 나오미양

편집: 최일주, 이혜정 | 디자인: 권소연 | 교정: 한지연 | 제작: 박홍기
마케팅: 양현범, 이장열, 김지원 | 홍보: 조민희
인쇄: 코리아피앤피 | 제책: J&D바인텍

펴낸이: 강맑실 | 펴낸곳: (주)사계절출판사 | 등록: 제406-2003-034호 | 주소: (우)10881 경기도 파주시 회동길 252 | 전화: 031) 955-8588, 8558 | 전송: 마케팅부 031) 955-8595 편집부 031) 955-8596 | 홈페이지: www.sakyejul.net | 전자우편: skj@sakyejul.com | 페이스북: facebook.com/sakyejulkid | 블로그: blog.naver.com/skjmail | 인스타그램: instagram.com/sakyejulkid

ⓒ 김성호, 나오미양 2016

값은 뒤표지에 적혀 있습니다. 잘못 만든 책은 구입하신 서점에서 바꾸어 드립니다.
사계절출판사는 성장의 의미를 생각합니다. 사계절출판사는 독자 여러분의 의견에 늘 귀 기울이고 있습니다.
이 책은 저작권법에 따라 보호받는 저작물이므로 무단전재와 복제를 금합니다.

ISBN 978-89-5828-357-7 73340
ISBN 978-89-5828-770-4 (세트)

개표는 이렇게!

❶ 접수부

❷ 개함부

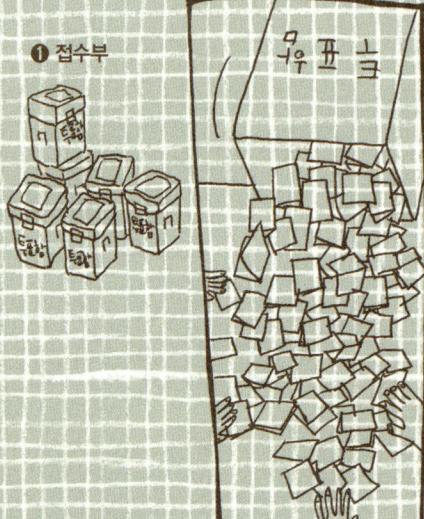

❸ 투표용지 분류기 운영부 :
정당·후보자별 투표지 분류

❹ 심사·집계부 :
분류된 투표지 심사·확인

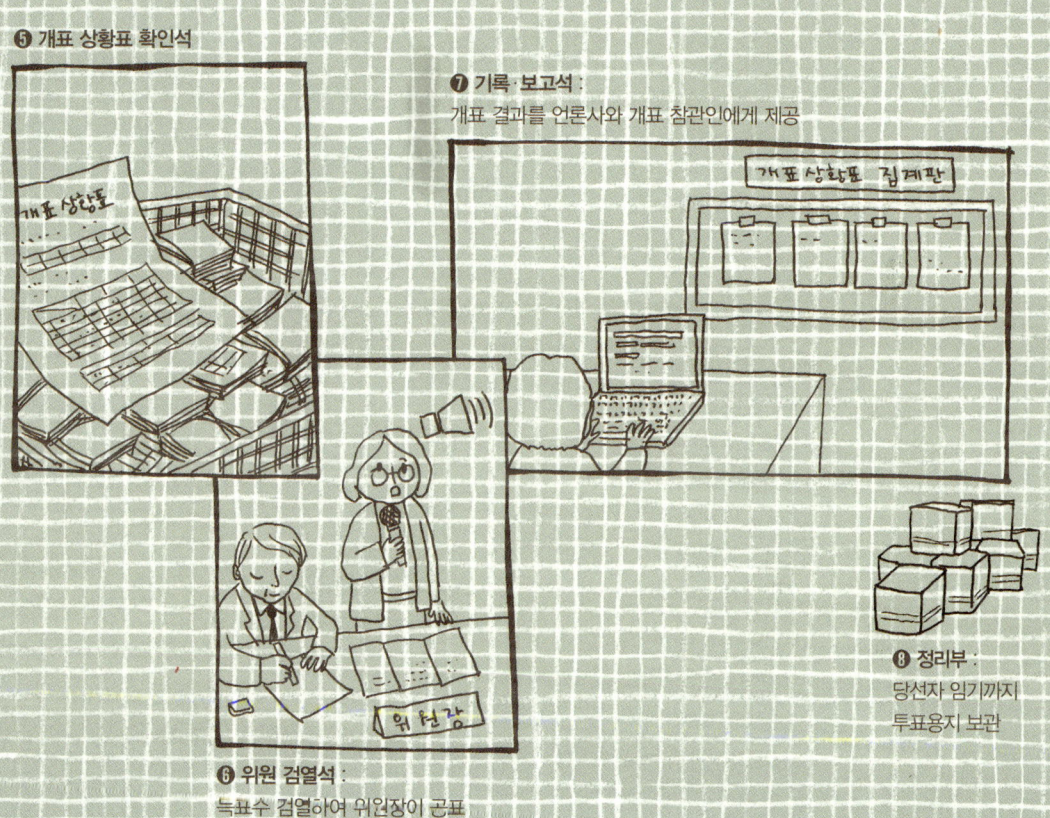